Jedes Kind
kann schlafen lernen

Dipl.-Psych. Annette Kast-Zahn
Dr. med. Hartmut Morgenroth

Jedes Kind kann schlafen lernen

Vom Baby bis zum Schulkind:
Wie Sie Schlafprobleme Ihres Kindes
vermeiden und lösen können

ELTERN-BIBLIOTHEK

16. erweiterte und bearbeitete Auflage, 2003
© by Oberstebrink Verlag GmbH
Alle Rechte vorbehalten

Fotos:	Corbis – Stock Market, Kunterbunt, Privat
Gestaltung:	Oberstebrink
Satz und Herstellung:	MOHN Media · Mohndruck GmbH
	Printed in Germany
Verlag:	Oberstebrink Verlag GmbH
	Bahnstr. 44, 40878 Ratingen
	Tel. 0 21 02 / 771 770-0, Fax 0 21 02 / 771 770-21
	verlag@oberstebrink.de
	www.oberstebrink.de
ISBN:	3-934333-09-5
PZN:	7506731

Liebe Leser

Seit die erste Auflage dieses Buches erschienen ist, sind mehr als fünf Jahre vergangen. Wir bleiben dabei: Jedes Kind, das mindestens sechs Monate alt und gesund ist, kann schlafen lernen. Einschlafen und durchschlafen. Meist dauert es nur einige Tage.

Damals hat diese Behauptung bei vielen Eltern ungläubiges Staunen hervorgerufen. Von vielen haben wir erfahren, dass ihnen unsere Informationen wirklich geholfen haben: *„Danke, es hat geklappt!"* Über jede dieser Reaktionen haben wir uns gefreut. Auch untereinander haben sich junge Eltern offensichtlich über ihren Erfolg ausgetauscht: Wie sonst wäre es zu erklären, dass sich das Buch vom „Geheimtipp" zum Bestseller mit über 500 000 Lesern entwickelt hat? Fast in jedem Geburtsvorbereitungskurs und jeder Krabbelgruppe und von vielen Kinderärzten wird es mittlerweile empfohlen.

Aber wir haben in den letzten Jahren noch dazu gelernt: Seit der Erstausgabe des Buches haben wir wieder sehr viele junge Eltern beraten. Wir haben mehr darüber gelernt, welche Fragen sich für Eltern während der ersten Lebensmonate ihres Babys immer wieder stellen. Wir haben mehr darüber gelernt, unter welchen Bedingungen Eltern Probleme mit unserem Behandlungsplan haben können. Außerdem haben uns einige Leser Anregungen gegeben, welche Informationen sie in unserem Buch vermisst haben. Daraufhin haben wir das ganze Buch überarbeitet und das 4. Kapitel hinzugefügt, in dem es um das Thema „Schlaf-Zeiten" geht.

Dass für Ihr Kind und für Sie selbst nun bald richtig gute Schlaf-Zeiten anbrechen, wünschen Ihnen

Annette Kast-Zahn und Hartmut Morgenroth

Ihr Leitfaden
für das Ein- und Durchschlafbuch

Erwarten Sie ein Baby – oder ist Ihr Kind gerade geboren?
Dann wünschen Sie sich bestimmt, dass Ihr Kind von Anfang an problemlos einschläft und gut durchschläft.
In Kapitel 3: *Wie Ihr Kind ein „guter Schläfer"* **wird** erfahren Sie, wie Sie Ihr Kind von vornherein an regelmäßige Schlafzeiten gewöhnen und ihm günstige Ein- und Durchschlaf-Gewohnheiten beibringen können.

**Ist Ihr Kind schon älter als 6 Monate,
hat es Schwierigkeiten beim Einschlafen und schläft nicht durch?**
Dann möchten Sie bestimmt einen Weg finden, Ihrem Kind beim Einschlafen und Durchschlafen zu helfen – und so die wohlverdiente Nachtruhe für die ganze Familie wiederherzustellen.
In Kapitel 4: *Wie aus schlechten Schlaf-Zeiten gute Schlaf-Zeiten werden* erfahren Sie, mit welchen Schlaf-Zeiten Sie einen günstigen Tag-Nacht-Rhythmus erreichen – und wie Sie Ihr Kind an diese Schlaf-Zeiten gewöhnen können.
In Kapitel 5: *Wie „schlechte Schläfer" schlafen lernen können* erfahren Sie, wie Sie Ihrem Kind ungünstige Einschlafgewohnheiten behutsam abgewöhnen und ihm konsequent beibringen können, gut durchzuschlafen.
Gehen Sie dabei nach dem **Behandlungsplan ab Seite 88** vor.

Die **Anleitungen in den Kapiteln 3 bis 5** sind konkrete, praxisnahe Hilfen, die Sie einfach nachvollziehen und in wenigen Tagen erfolgreich anwenden können.

In den anderen Kapiteln erfahren Sie eine Menge Wissenswertes über den kindlichen Schlaf, Schlafstörungen und Schlafverhalten. Immer wieder bekommen Sie konkrete Hinweise, was Sie als Eltern bei besonderen Problemen tun können.

Das Ein- und Durchschlafbuch ist nicht nur ein wertvoller Ratgeber, sondern auch eine unterhaltsame, spannende Lektüre.

Beim Lesen der vielen anschaulichen Fallbeispiele und praktischen Tipps werden Sie schnell zu der Überzeugung gelangen:

„Jedes Kind kann schlafen lernen".

1 MEIN KIND WILL NICHT SCHLAFEN — 11

Erfahrungen in der Kinderarzt-Praxis — 12
Erfahrungen mit den eigenen Kindern — 14
Kinderschlaf und Elternstress – wie hängt das zusammen? — 17

Kapitel 1: Das Wichtigste in Kürze — 20

2 WAS WISSEN WIR ÜBER DEN KINDLICHEN SCHLAF? — 21

Wie lange schlafen Kinder? Wie verteilt sich der Schlaf? — 22
Was passiert eigentlich im Schlaf? — 27
- Tiefschlaf und Traumschlaf — 27
- Vom Kind im Mutterleib bis zum Erwachsenen: Wie sich der Schlaf verändert — 28
- Das Schlafmuster: Einschlafen, Aufwachen und Weiterschlafen — 29
- Aufwachen und Schreien: *„Warum gerade mein Kind?"* — 34

Kapitel 2: Das Wichtigste in Kürze — 40

3 WIE IHR KIND VON ANFANG AN EIN „GUTER SCHLÄFER" WIRD — 41

Die ersten sechs Monate — 42
- Wo soll das Baby schlafen? — 42
- Schlafzeiten und Einschlaf-Gewohnheiten — 43
- „Schrei-Babys" — 48
- Allein einschlafen lernen – aber wie? — 51

Vom 6. Monat bis zum Schulalter — 54
- Abend-Rituale — 54
- Schlafen im Elternbett? — 59
- Zeit für feste Zeiten — 61

Kapitel 3: Das Wichtigste in Kürze — 67

Inhalt

4 WIE AUS SCHLECHTEN SCHLAF-ZEITEN GUTE SCHLAF-ZEITEN WERDEN — 69

Mein Kind wacht zu früh auf — 70
Mein Kind schläft zu spät ein — 72
Mein Kind ist nachts stundenlang wach — 75

Kapitel 4: Das Wichtigste in Kürze — 78

5 WIE „SCHLECHTE SCHLÄFER" SCHLAFEN LERNEN KÖNNEN — 79

Ungünstige Einschlaf-Gewohnheiten — 80
- Mit Schnuller — 81
- Auf dem Arm — 82
- Mit den Eltern im Bett — 83
- An der Brust oder mit Fläschchen — 84
- Komplizierte Einschlaf-Gewohnheiten — 85

Änderung von Einschlaf-Gewohnheiten — 86
- „Einfach" schreien lassen? — 86
- **Der Behandlungsplan:** Wie Ihr Kind lernen kann, allein einzuschlafen und gut durchzuschlafen — 88
- Abweichungen vom Behandlungsplan — 93
- **Das Schlafprotokoll:** Kontrolle des Behandlungs-Erfolgs — 95
- Welche Probleme können auftreten? — 96

Abgewöhnen nächtlicher Mahlzeiten — 103

„Mein Kind bleibt nicht in seinem Bett" — 109
- Zurück ins eigene Bett — 109
- Grenzen setzen: Die „Auszeit" — 112
- Tür auf – Tür zu — 114

Eigene Lösungen — 118
Einwände und Bedenken — 121

Kapitel 5: Das Wichtigste in Kürze — 124

6 SCHLAFSTÖRUNGEN, DIE NICHTS MIT EINSCHLAF-GEWOHNHEITEN ZU TUN HABEN   125

Schlafwandeln und Nachtschreck:
Unvollständiges Erwachen aus dem Tiefschlaf   126
- Schlafwandeln   127
- Nachtschreck   128

Nächtliche Ängste und Albträume   133
- Angst vor dem Schlafengehen   133
- Albträume   136

Wie kann man Albträume vom Nachtschreck unterscheiden?   139

Kapitel 6: Das Wichtigste in Kürze   141

7 BESONDERE PROBLEME   143

Kopfschlagen und Schaukeln   144
Schlaf-Apnoe   147
Schmerzen   149
Geistig behinderte Kinder   151
Medikamente   153

Kapitel 7: Das Wichtigste in Kürze   155

8 FRAGEN UND ANTWORTEN   157

9 MEIN SCHLAFPROTOKOLL   165

SCHLUSSWORT   168

Literatur-Verzeichnis   170
Abbildungs-Verzeichnis   172

1
Mein Kind will nicht schlafen

Dieses Kapitel zeigt, …

- welche Erfahrungen wir in der Kinderarztpraxis und bei unseren eigenen Kindern mit Schlafproblemen gemacht haben
- wie oft Schlafprobleme in den verschiedenen Altersgruppen vorkommen

Erfahrungen in der Kinderarzt-Praxis

Wenn frischgebackene Eltern ihre Sprösslinge nach einigen Wochen oder Monaten stolz ihren Freunden und Bekannten vorstellen, wird eine Frage ganz besonders oft gestellt: *„Schläft es schon durch?"* Alle Mütter und Väter wissen: Das ist eine gute Frage.

Ob sie die ersten Lebensmonate ihres Kindes einfach genießen können oder aber diese Zeit als ausgesprochen anstrengend empfinden und täglich mit Stress und Erschöpfung kämpfen müssen – das hängt zu einem guten Teil mit der Antwort auf diese Frage zusammen.

Auch die Kinderärzte wissen davon ein Lied zu singen. Mehrmals täglich kommen Eltern in die Praxis, die ganz stolz und glücklich über die Fortschritte ihres Kindes berichten und zum Schluss seufzen: *„Aber wenn sie doch nur besser schlafen würde!"* Oder: *„Wann wird er endlich aufhören, mich jede Nacht mehrmals aus dem Bett zu holen? Ich kann bald nicht mehr!"*

Dr. Morgenroth, Mitverfasser dieses Buches, hat es sehr zu schaffen gemacht, dass er als Kinderarzt kaum wirkungsvolle Ratschläge geben konnte.

*Besondere Anteilnahme weckte bei ihm die Geschichte der Zwillinge **Peter** und **Annika**. Von Anfang an musste die Familie aus Platzgründen in einem Zimmer schlafen. Die Kinder wollten alle ein bis zwei Stunden trinken, und das bedeutete: 17 Fläschchen wurden Abend für Abend fertig gemacht, jeweils eine warmgestellt. Die Eltern wechselten sich bei der Fütterung ab, waren zunehmend zermürbt und verzweifelt und hofften auf Besserung.*

Es wurde nicht besser – auch nicht, als der Kinderarzt gegen seine Überzeugung Beruhigungsmittel verordnete. Es wurde immer noch nicht besser, als die Kinder nach dem Umzug in eine größere Wohnung getrennt schlafen gelegt wurden. Mit zwei Jahren konnten sich die Kinder die bereit gestellten Flaschen selbst nehmen, die Eltern mussten nur noch drei- bis viermal aufstehen. Erst mit vier Jahren im Urlaub wurden die Zwillinge vom Fläschchen entwöhnt und schliefen durch.

Kapitel 1: Mein Kind will nicht schlafen

Wir wissen inzwischen, dass man den Eltern all die Erschöpfung, den ständigen Schlafmangel und die Belastung der eigenen Beziehung durch die extreme Aufopferung hätte ersparen können. Denn Babys und Kleinkinder, die abends nicht einschlafen wollen oder nachts mehrmals wach werden, sind fast nie „Problemkinder", mit denen irgend etwas nicht stimmt. Im Gegenteil: Sie sind lernfähige kleine Persönlichkeiten. Sie reagieren vollkommen normal und folgerichtig.

Auch die betroffenen Eltern brauchen keine Angst zu haben, dass mit ihnen irgend etwas nicht stimmt. Wir haben bei unseren zahlreichen Beratungsgesprächen viele ganz besonders liebevolle und engagierte Eltern kennen gelernt, die bereit waren, alles für ihr Kind zu tun.

Wir wissen jetzt: Alle gesunden Babys, die mindestens sechs Monate alt sind, können durchschlafen. Wenn sie es noch nicht tun, können sie es lernen. Sogar schnell.

Erfahrungen mit den eigenen Kindern

Auch ich war überzeugt, eine liebevolle und engagierte Mutter zu sein. Meine ersten beiden Kinder waren anstrengend. Das bedeutete: Insgesamt fünf Jahre lang fast jede Nacht mehrmals aufstehen.

Als das endlich ausgestanden war, meldete sich das dritte Kind an. Ich dachte: *„Bei einer so erfahrenen Mutter wie mir kann ja nun nichts mehr schief gehen. Diesmal wird sicher alles gut klappen."* Tatsächlich liefen die ersten Lebenswochen recht harmonisch ab. Doch je älter die kleine **Andrea** wurde, desto öfter wollte sie nachts an die Brust. Sie schlief irgendwann nicht mehr im Kinderbett, sondern der Einfachheit halber im Ehebett. Mein Mann aber war frustriert ins Dachzimmer gezogen, damit zumindest er einigermaßen schlafen konnte.

Ungefähr siebenmal wurde Andrea im Alter von sieben Monaten nachts gestillt, ab 4 Uhr morgens schlief sie kaum noch richtig. Alle 15-30 Minuten schreckte sie hoch und wollte wieder nuckeln. Auch tagsüber dachte sie nicht daran, in ihrem Bettchen zu schlafen. Nur unterwegs im Auto und im Kinderwagen genehmigte sie sich ab und zu ein halbes Stündchen Schlaf zu ganz unterschiedlichen Zeiten. Es kamen insgesamt nicht mehr als neun Stunden Schlaf zusammen. Für mich natürlich noch viel weniger – und immer nur 30 Minuten bis höchstens zwei Stunden am Stück. Da nützte alle Erfahrung als Mutter und alles Fachwissen als Psychologin nichts. Und die zahlreichen Elternratgeber? Fehlanzeige. Bestenfalls war darin zu lesen, dass sich die Eltern bei der nächtlichen Betreuung abwechseln sollten. Oder es stand darin, dass die meisten Kinder mit drei Monaten durchschlafen. Und wenn nicht, warum nicht? Und was tun? Kein Wort darüber, kaum ein hilfreicher Ratschlag. Es blieb mir also nichts anderes übrig, als mich am Rande der Erschöpfung über den Tag zu retten.

Die beiden älteren Kinder – der sechsjährige Sohn **Christoph** und die vierjährige Tochter **Katharina** – hätten eigentlich in dieser Zeit besondere Zuwendung gebraucht. Christoph war gerade eingeschult worden und Katharina gerade in den Kindergarten gekommen. Beide kamen zu kurz. Auch die Ehe kam zu kurz. Für alle war es eine schwierige Zeit. Es schien ein besonders ungerechtes Schicksal zu sein, als Mutter wieder mit einem Baby gestraft zu sein, das offenbar ein „schlechter Schläfer" war, trotz aller liebevollen Zuwendung.

Mehr beiläufig erzählte ich meinem Kinderarzt, Dr. Hartmut Morgenroth, dem anderen Autor dieses Buches, bei der U5 (Vorsorgeuntersuchung im Alter von sieben Monaten) meine Sorgen – eigentlich ohne Hoffnung auf gute Ratschläge. Bei den ersten beiden Kindern hatte er mir auch nicht viel sagen können, nur hilfloses Mitgefühl gezeigt. Die verblüffende Reaktion war aber diesmal die Frage: *„Wollen Sie etwas daran ändern?"* Es folgte ein längeres Gespräch. Der Arzt erzählte von seiner Fortbildungs-Reise durch die USA, von seinem Besuch in einer renommierten Kinderklinik in Boston, wo er Prof. Ferber kennen gelernt hatte. Dieser Professor leitet dort ein Kinderschlafzentrum. Schon Mitte der achtziger Jahre hatte er eine Methode entwickelt, wie Eltern ihren Babys und Kleinkindern innerhalb kurzer Zeit das Einschlafen und Durchschlafen beibringen können. Sein Buch darüber (siehe Literaturverzeichnis [1]) und einige weitere Veröffentlichungen dazu in englischer Sprache hatte der Kinderarzt mitgebracht und der staunenden erschöpften Mutter präsentiert.

Mir fiel es wie Schuppen von den Augen. Sehr schnell begriff ich, warum meine Kinder so schlecht geschlafen hatten – und was ich in Zukunft anders machen konnte. Alles erschien so klar und einleuchtend, dass nur die Frage blieb: *„Warum bist Du nicht längst selbst darauf gekommen?"* (Wenn Sie nun ganz neugierig geworden sind: Im 3. und 5. Kapitel wird die Methode genau beschrieben).

Für die beiden Autoren begann an diesem Punkt eine sehr fruchtbare Zusammenarbeit. Andrea, meine eigene Tochter, wurde die erste Patientin. Sie lernte innerhalb von zwei Wochen, tagsüber zwei anderthalbstündige Tagesschläfchen zu festen Zeiten zu halten und nachts von 20 bis 7 Uhr ohne Unterbrechung in ihrem Bettchen durchzuschlafen. Insgesamt waren das mindestens drei Stunden Schlaf mehr als vorher! Die ganze Familie atmete auf. Die Mutter empfand die veränderte Situation als sprunghaften Anstieg der eigenen

Lebensqualität. Mit wenig Aufwand war eine so positive Veränderung erreicht worden! Da gab es nur eine Schlussfolgerung: Diese Methode zusammen mit dem nötigen Wissen über den kindlichen Schlaf sollte möglichst vielen Müttern und Vätern bekannt gemacht werden.

In den letzten Jahren führten beide Autoren viele hundert Gespräche mit betroffenen Müttern und Vätern. Der Erfolg war überwältigend. Schlafprobleme konnten meist innerhalb weniger Tage nach einer einmaligen Beratung gelöst werden. Mittlerweile beraten wir fast nur noch Familien mit ganz besonders schwerwiegenden Schlafproblemen – die „normalen" Schlafprobleme bekommen die Eltern mit Hilfe des Buches meist selbst in den Griff. Jeder weiß, wie wertvoll und wichtig ungestörter Schlaf für die ganze Familie ist. Es besteht kein Zweifel: Dieses Thema ist für junge Eltern ein Dauerbrenner.

Kapitel 1: Mein Kind will nicht schlafen

Kinderschlaf und Elternstress – wie hängt das zusammen?

Wenn von einer „kindlichen Schlafstörung" die Rede ist, ist damit meist gemeint: Das Kind schläft schlecht ein oder wacht mehrmals in der Nacht auf, oder beides trifft zu. Tagsüber ist es vielleicht unausgeglichen und quengelig, weil es insgesamt zu wenig schläft. Gestört werden aber vor allem die Eltern. Auch ihr Schlaf wird unterbrochen. Oft können sie nicht sofort wieder einschlafen, oft den fehlenden Schlaf nicht nachholen.

Wir wollten es genauer wissen: Wie viele Kinder schlafen eigentlich in den verschiedenen Altersgruppen der Vorsorge-Untersuchungen durch, und wie gestresst fühlen sich die Mütter?

Etwa 500 Mütter haben wir bei allen Untersuchungen von der U3 (6-8 Wochen) bis zur U8 (vier Jahre) nach dem Schlafverhalten ihrer Kinder gefragt [2]. Das Ergebnis kann man sicherlich nicht auf alle Kinder übertragen. Es zeigen sich aber Tendenzen, die durch andere Untersuchungen bestätigt werden [3].

Die Abbildung 1 auf der nächsten Seite zeigt: Weniger als die Hälfte der Kinder schlief regelmäßig durch. Besonders häufig klappte dies bei den einjährigen (52%), besonders selten bei den unter sechs Wochen alten Babys (6%).

Einmal pro Nacht geweckt zu werden, nehmen die meisten Eltern noch in Kauf. Problematischer wird es, wenn die Kinder mehrmals pro Nacht ihre Eltern wecken.

Die Abbildung 2 zeigt: Von den sechs Wochen alten Babys tat dies noch knapp die Hälfte. Von den vier Monate alten Babys wurde ein Drittel mehrmals pro Nacht wach, von den zweijährigen Kindern immer noch ein Viertel. Erst im Alter von vier Jahren kam es deutlich seltener vor (unter 10%), dass die Kinder nachts mehrmals aufwachten und ihre Eltern weckten.

Auch bei unseren Beratungsgesprächen haben wir immer wieder erfahren: Von ganz allein lösen sich Schlafprobleme selten. Wenn ein Baby mit einem halben Jahr noch nicht durchschläft, wird es seine Eltern wahrscheinlich auch noch ein Jahr später nachts „auf Trab" halten.

Jedes Kind kann schlafen lernen

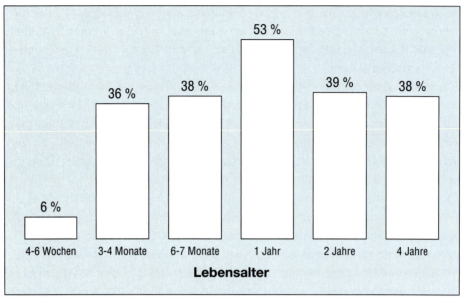

Abbildung 1: Wie viele Kinder schlafen durch?

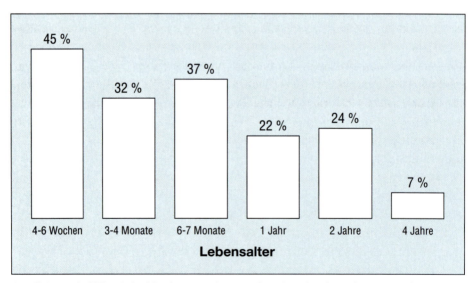

Abbildung 2: Wie viele Kinder werden nachts 2mal oder öfter wach?

Kapitel 1: Mein Kind will nicht schlafen

Noch etwas kommt häufig vor: Kinder haben schon einmal wochen- oder monatelang wunderbar geschlafen, stellen dann aber, z.B. nach einer Krankheit oder nach einem Urlaub, ihr Verhalten um – und mit der ungestörten Nachtruhe ist es wieder vorbei.

Es wird wohl niemanden überraschen, dass Eltern sich durch unruhige Nächte gestresst fühlen. Besonders die Mütter, die nachts mehr als zweimal aufstehen mussten, empfanden starken bis extrem starken Stress und Erschöpfung. Nur sehr wenige Mütter von „schlechten Schläfern" stuften sich als ruhig und ausgeglichen ein. Mütter von „guten Schläfern" dagegen waren nur selten gestresst oder erschöpft.

Am meisten scheinen Mütter übrigens die Zeit um den 4. Lebensmonat zu genießen: In diesem Alter gab es niedrigere Stresswerte als in allen anderen Altersgruppen. Was kann es auch Schöneres geben als ein Baby, das den Kontakt zu seiner Umwelt schon voll aufgenommen hat – lächelt, lacht, lauscht – und das alles friedlich auf dem Rücken liegend! Die Zeit der „Drei-Monats-Koliken" ist vorbei. Das Baby schreit nicht mehr so viel. Es kann noch nicht wegkrabbeln und keinen Unsinn anstellen. Und es schläft noch durchschnittlich 15 Stunden am Tag. Selbst, wenn es mit dem Schlaf noch nicht so gut klappt – diesen kleinen wunderbaren Geschöpfen können die meisten Eltern noch alles verzeihen.

Hingabe und sogar Aufopferung für das eigene Kind kann eine Zeitlang etwas Schönes und Beglückendes sein. Nach unserer Erfahrung sind die allermeisten Mütter und viele Väter hingebungsvoll und bereit, sich aufzuopfern. Aber irgendwann muss auch das eigene Leben wieder zu seinem Recht kommen. Das tut dann nicht nur der Mutter gut, sondern auch dem Kind und den übrigen Familienmitgliedern.

Kapitel 1: Das Wichtigste in Kürze

- **Schlafprobleme bei Kleinkindern sind weit verbreitet**
  „Unser Kind schläft nicht durch – was sollen wir tun?"
  Vielen jungen Eltern brennt dieses Problem unter den Nägeln.

- **„Schlechte Schläfer" sind keine „Problemkinder"**
  Kinder sind lernfähige kleine Persönlichkeiten. Alle gesunden Babys, die mindestens sechs Monate alt sind, können durchschlafen. Wenn sie es noch nicht tun, können sie es lernen. Sogar schnell.

- **Schlechter Kinderschlaf verursacht Elternstress**
  Mütter von „guten Schläfern" fühlen sich meist ruhig und ausgeglichen – Mütter von „schlechten Schläfern" dagegen sind gestresst und erschöpft.

2
Was wissen wir über den kindlichen Schlaf?

Dieses Kapitel sagt Ihnen, …

- wie lange Kinder im Durchschnitt schlafen
- wie der Schlaf genau abläuft
- warum viele Kinder nachts aufwachen und schreien

Wie lange schlafen Kinder? Wie verteilt sich der Schlaf?

Wer kennt nicht die Berichte stolzer Mütter von ihrem „pflegeleichten Baby", das von Geburt an zu den Mahlzeiten geweckt werden muss und im Alter von wenigen Wochen durchschläft? Solche Babys, die geborenen „guten Schläfer", gibt es wirklich. Sie lassen sich durch nichts aus der Ruhe bringen. Sie können in der Tragetasche überallhin mitgenommen werden. Weder eine fremde Umgebung, noch laute Geräusche, noch sonst irgend etwas scheint ihrem Schlafbedürfnis etwas anhaben zu können.
Eltern von kleinen, quicklebendigen, quirligen Kindern können solche Geschichten kaum glauben. Ihr Baby will anscheinend auf gar keinen Fall etwas verpassen. Es hat vielleicht schon direkt nach der Geburt im Krankenhaus die Nacht zum Tag gemacht, ist immer in Bewegung, reagiert auf jedes Geräusch, jeden Ortswechsel, jeden aufregenden Besuch mit Nicht-Schlafen-Wollen.
Auch diese Babys gibt es wirklich. Mit Erziehung haben solche Unterschiede wenig zu tun, eher mit vererbten Anlagen. Oft erkennt sich einer von beiden Eltern im Schlafverhalten seines Kindes wieder. So gut es die verwöhnten Eltern der geborenen „Murmeltiere" auch haben – die weniger verwöhnten müssen nicht verzweifeln. Auch ihr Kind kann lernen, abends zu einer vernünftigen Zeit einzuschlafen und bis zum nächsten Morgen friedlich in seinem Bettchen zu verbringen. Kurze Wachzeiten sind normal. Das Kind kann lernen, damit umzugehen, ohne seine Eltern zu wecken.
Viele Kinder, die extrem kurze Schlafzeiten haben – z.B. neun Stunden im Alter von sechs Monaten – können lernen, länger zu schlafen. Allerdings gibt es auch einige Ausnahmekinder, die tatsächlich mit so wenigen Stunden auskommen. Diese kleinen „Wenig-Schlaf-Genies" können zumindest lernen, ihre wenigen Stunden nachts an einem Stück und gleichzeitig mit ihren Eltern zu schlafen. Extrem selten ist eine angeborene neurologische Störung, die die Kinder wirklich am Schlaf hindert und sie regelmäßig nachts stundenlang wach hält. Für diese wenigen Kinder ist eine Behandlung, wie wir sie empfehlen,

kaum hilfreich. Sehr wahrscheinlich hat Ihr Kind jedoch keine angeborene neurologische Störung, sondern es ist gesund und in der Lage, schlafen zu lernen. Aus der Abbildung 3 können Sie genau ablesen, wie lange Kinder im Durchschnitt schlafen – vom Neugeborenen bis zum zehnjährigen Kind. Die Zeiten wurden von Ferber übernommen und stimmen mit unseren Erfahrungen überein. Sie können auch sehen, wie sich der Schlaf auf Tag und Nacht verteilt. Beim Neugeborenen sind die 16 Stunden in mehr oder weniger kleine „Häppchen" gleichmäßig auf Tag und Nacht verteilt. Den Unterschied zwischen Tag und Nacht lernen die kleinen Säuglinge erst allmählich. Der Nachtschlaf wird immer länger. Anzahl und Dauer der Tagesschläfchen nehmen ab.

Mit spätestens sechs Monaten ist es soweit: Eine etwa elfstündige Nachtruhe (ohne Mahlzeiten) ist in diesem Alter normal – und erlernbar. Diese elf Stunden Nachtruhe begleiten Ihr Kind, bis es ungefähr fünf Jahre alt ist. Was es noch zusätzlich an Schlaf braucht, holt es sich tagsüber. Vom 6. Monat bis Anfang oder Mitte des 2. Lebensjahres sind es noch zwei Tagesschläfchen: eins vormittags und eins nachmittags. Danach stellen sich die Kinder auf einen einzigen Mittagsschlaf um. Zwischen zwei und vier Jahren gewöhnen sie sich auch das Mittagsschläfchen ab. Der Nachtschlaf wird ab dem 5. Lebensjahr allmählich immer kürzer, ungefähr jedes halbe Jahr um eine Viertelstunde.

Wenn Sie die Zeiten in der Tabelle mit den Schlafzeiten Ihres Kindes vergleichen, müssen Sie wissen: Ein bis zwei Stunden Abweichung vom Durchschnitt nach oben oder unten sind vollkommen normal. Schläft Ihr Kind mehrere Stunden weniger als in der Tabelle angegeben, stimmt vielleicht etwas mit seinen Schlaf-Gewohnheiten nicht – und es könnte mit veränderten Schlaf-Gewohnheiten möglicherweise deutlich länger schlafen.

Manchen Kindern merkt man ihre Müdigkeit sehr genau an. Sie reiben sich die Augen, sind quengelig und wollen sich mit nichts beschäftigen. Andere scheinen tagsüber ganz friedlich zu sein, sind gut gelaunt und können ausdauernd allein spielen. Die Mütter merken erst nach der Behandlung, dass auch ihr Kind mit ein paar mehr Stunden Schlaf ausgeglichener und zufriedener wird.

Vielleicht stellen Sie aber auch fest, dass Ihr Kind viel länger schläft, als in der Tabelle angegeben. In der Regel ist das kein Grund zur Sorge. Wahrscheinlich haben Sie es einfach mit einem ausgesprochenen „Langschläfer" zu tun.

Jedes Kind kann schlafen lernen

Abbildung 3: Die durchschnittlichen Schlafzeiten von Kindern in verschiedenen Altersstufen (nach Ferber)

Kapitel 2: Was wissen wir über den kindlichen Schlaf?

Es gibt allerdings eine ernsthafte Erkrankung, die sich unter anderem durch ein übergroßes Schlafbedürfnis bemerkbar macht. Diese Krankheit heißt Narkolepsie. Sie tritt aber frühestens im Grundschulalter auf und kommt so extrem selten vor, dass sie hier nicht näher erläutert werden muss. Wenn Ihnen die Schlafzeiten Ihres Kindes ganz unnormal lang vorkommen, können Sie vorsorglich Ihren Kinderarzt darauf ansprechen.

Interessant könnte der Vergleich mit der Tabelle aber sein, wenn Sie feststellen: Mein Kind schläft zwar insgesamt genug, vielleicht sogar mehr als der Durchschnitt, will aber abends nicht ins Bett oder ist mitten in der Nacht plötzlich hellwach und will spielen.

*Genauso ein Fall war die zwölf Monate alte **Mira**: Jede 2. Nacht, irgendwann gegen 1 Uhr, wurde Mira wach und war für die nächsten ein bis zwei Stunden topfit. Sie dachte gar nicht daran, wieder einzuschlafen, sondern wollte „action". Der Mutter war um 1 Uhr nachts allerdings nicht gerade danach zumute, mit ihrer Tochter Türmchen zu bauen. Sie versuchte es mit dem Fläschchen, sie holte Mira zu sich ins Bett – vergeblich. In ihrer Verzweiflung brachte die Mutter die kleine Mira in ihr Bettchen zurück. Mira schrie bis zu einer Stunde. Irgendwann schlief sie schreiend ein. So lief es jede zweite Nacht.*

Unser Beratungsgespräch ergab, dass Miras Schlafzeit das Kernproblem war: An ihren „guten" Tagen schlief sie von 19 bis 7 Uhr, dazu kam ein dreistündiger Mittagsschlaf, insgesamt kam sie also auf 15 Stunden. Das war zuviel! Genau deshalb war Mira nachts wach – aus Mangel an Müdigkeit. Die „Behandlung" war denkbar einfach. Mira musste regelmäßig nach 1½ Stunden Mittagsschlaf geweckt werden. Sie schlief nach der 2. Nacht durch. Die Mutter war fassungslos. Sie hatte das Schlafbedürfnis ihres Kindes einfach überschätzt.

Das kommt gar nicht selten vor. Die – meist scherzhaft geäußerte – Vorstellung mancher Eltern, ihr Baby möge doch bitte von 18 Uhr abends bis 9 Uhr morgens schlafen, muss deshalb eine Wunschvorstellung bleiben und hat mit der Realität nichts zu tun.

Immer wieder machen wir die Erfahrung, dass Geschwisterkinder trotz eines Altersabstands von mehreren Jahren gleichzeitig ins Bett gebracht werden. Solange alle zufrieden sind, ist auch nichts dagegen einzuwenden. Bei Kindern unter fünf Jahren ist es ohnehin kein Problem, da die Unterschiede im Schlafbedürfnis durch den Mittagsschlaf ausgeglichen werden.

Wir empfehlen jedoch in der Regel, die Kinder von da ab ihrem Alter entsprechend zu behandeln. Warum sollte das ältere Kind nicht noch in seinem Zimmer, oder – wenn beide zusammen schlafen – vielleicht im Eltern-Schlafzimmer noch eine halbe Stunde länger lesen oder Kassetten hören dürfen als das 3 Jahre jüngere Geschwisterkind? Dem jüngeren Kind ist das durchaus zuzumuten.

Die Geschichte vom zehnjährigen **Udo** *zeigt, dass auch bei älteren Kindern Probleme durch zu frühes Zubettbringen entstehen können. Udos Mutter schickte ihren Sohn täglich zwischen 19 und 19.30 Uhr ins Bett und knipste das Licht aus. Aus dem ersehnten ruhigen Abend für die alleinerziehende berufstätige Mutter wurde jedoch nichts. Seit Jahr und Tag kam Udo immer wieder aus seinem Zimmer ins Wohnzimmer, hatte Durst, Hunger, wollte diskutieren und schlief erst zwischen 21.30 und 22 Uhr abends ein. Am Wochenende durfte er ohnehin so lange aufbleiben. Dann ging er friedlich ohne Theater ins Bett. Auch am Wochenende stand er um 7 Uhr auf, genau wie in der Woche, wenn er zur Schule musste. Damit war klar: Udo bekam genug Schlaf, sonst hätte er ihn am Wochenende nachgeholt. 9½ Stunden entsprechen auch ungefähr dem Durchschnitt für sein Alter. Trotzdem war der Mutter nicht zuzumuten, jeden Abend mit ihrem Sohn bis fast 22 Uhr das Wohnzimmer zu teilen.*

Wir einigten uns auf folgende Lösung: Bis 19.30 Uhr musste Udo sich für die Nacht fertiggemacht haben. Hielt er sich daran, kam die Mutter noch bis 20 Uhr zu ihm auf die Bettkante. Sie konnten reden oder spielen, was er wollte. Dann verließ die Mutter das Zimmer, und Udo durfte sich noch bis 21.15 Uhr in seinem Zimmer allein beschäftigen. Bedingung: Er musste seiner Mutter in dieser Zeit ihre wohlverdiente Ruhe lassen. Udo war mit diesem Vorschlag sofort einverstanden. Auch ihm erschien er als Verbesserung.

Was passiert eigentlich im Schlaf?

Tiefschlaf und Traumschlaf

Vor etwa 50 Jahren wurde entdeckt (von Aserinsky & Kleitman [4] in Chicago) dass der Schlaf kein gleichförmiger Dämmerzustand ist. Im Schlaflabor kann man mittlerweile mit Hilfe des EEG (Elektroencephalogramm, ein Gerät zur Aufzeichunung der Hirnströme) genau messen, wie sich die Gehirnaktivität im Laufe der Nacht verändert. Man kann deutlich zwischen zwei verschiedenen Schlafarten unterscheiden. In der Fachsprache heißen sie Nicht-REM-Schlaf und REM-Schlaf (REM: rapid eye movement = schnelle Augenbewegungen). In der Alltagssprache sagen wir Tiefschlaf und Traumschlaf.

Wenn wir einschlafen, fallen wir zunächst in den ruhigen Tiefschlaf. Wir durchlaufen nacheinander alle vier Stufen des Tiefschlafs – als gingen wir langsam eine Treppe hinab und fielen mit jeder Stufe in einen noch tieferen Schlaf. Angekommen auf den Stufen 3 und 4, wird die Atmung sehr ruhig. Das Herz schlägt gleichmäßig, das Gehirn „ruht sich aus". Im EEG ist das erkennbar an großen, langsamen Wellen, den Delta-Wellen. Da das Gehirn nur wenige Impulse zu den Muskeln schickt, bewegen wir uns nicht viel. Es kann jedoch passieren, dass wir schnarchen – ausgerechnet im ruhigen Tiefschlaf!

Aus den Stufen 3 und 4 können wir nur schwer geweckt werden, z.B. durch sehr laute Geräusche wie das Telefon. Im ersten Moment sind wir dann ganz durcheinander und müssen uns erst wieder zurechtfinden. Dieser Effekt hat etwas mit einigen kindlichen Schlafstörungen zu tun (Nachtschreck und Schlafwandeln), auf die wir später noch genauer eingehen.

Nach zwei bis drei Stunden wird der Tiefschlaf zum ersten Mal vom Traumschlaf abgelöst. Der wissenschaftliche Name REM (rapid eye movements = schnelle Augenbewegungen) sagt schon aus: Während dieser Schlafphase bewegen sich die Augen hinter den geschlossenen Augenlidern recht schnell. Gleichzeitig passiert noch mehr: Herzschlag und Atmung werden heftiger und ungleichmäßiger. Der Körper verbraucht mehr Sauerstoff. Das Gehirn wird plötzlich aktiv. Wir träumen! Würde uns in dieser Phase jemand wecken, könnten wir unseren letzten Traum wahrscheinlich genau erzählen.

Bis heute steht nicht genau fest, warum wir eigentlich träumen. Aber sicher ist: Schlafwandeln oder um sich schlagen kann man im Traum nicht. Die Muskeln sind beim Traumschlaf fast alle ruhiggestellt. Das Gehirn „feuert" zwar viele Reize zu den Muskeln. Diese kommen dort jedoch nicht an, sondern werden im Rückenmark „gestoppt".

Das ist auch gut so, denn nur so ist es möglich, dass wir im Traum viele Dinge erleben und tun können und trotzdem fast regungslos im Bett liegen. Hände und Gesicht können allerdings ein wenig zucken – da gibt es vielleicht sogar einen Zusammenhang zu unseren Träumen.

Vom Kind im Mutterleib bis zum Erwachsenen: Wie sich der Schlaf verändert

Traumschlaf und Tiefschlaf wechseln sich mehrmals in der Nacht ab. Das ist bei Babys und Erwachsenen so. Aber es gibt auch einige Unterschiede. Bei einem Frühgeborenen macht der REM-Schlaf (Traumschlaf) noch 80% der Schlafzeit aus, bei einem voll ausgetragenen Neugeborenen nur noch 50%, bei einem dreijährigen Kind ein Drittel und bei Erwachsenen lediglich ein Viertel. Die Schlafforscher haben sich Gedanken darüber gemacht, warum der REM-Schlaf beim Kind im Mutterleib und beim Neugeborenen eine so überragende Rolle spielt. Einige von ihnen, zuerst Dr. Roffwarg und seine Kollegen [5], kamen auf die Idee, dass die Kinder dadurch sozusagen im Schlaf etwas für die Reifung ihres Gehirns tun. Die Reize durchlaufen dieselben Wege – d.h. dieselben Nervenbahnen – wie später z.B. beim Hören oder Sehen. Vielleicht werden die vielen Stunden, die das Kind im Mutterleib und in den ersten Lebenswochen im aktiven REM-Schlaf verbringt, auf diese Weise sinnvoll genutzt: Das Gehirn wird im Schlaf auf die Wahrnehmung vorbereitet. Das Kind „lernt" im Schlaf.

Ob der REM-Schlaf des Neugeborenen etwas mit Träumen, wie wir sie kennen, zu tun hat? Es ist wohl kaum möglich, das herauszufinden. Zweijährige Kinder berichten aber schon von Träumen, wenn man sie nach dem REM-Schlaf weckt.

Noch etwas unterscheidet das neugeborene Baby vom älteren Säugling und vom Erwachsenen. Das Neugeborene fällt nach dem Einschlafen zuerst in den REM-Schlaf. Ab dem 3. Lebensmonat kommt jedoch immer zuerst der Tiefschlaf. Der Tiefschlaf ist in den ersten Lebenswochen noch nicht ganz ausgereift. Erst ab dem 6. Lebensmonat kann man alle vier Stufen des Tiefschlafs deutlich unterscheiden. Nun gleicht der Baby-Schlaf schon sehr dem Erwachsenen-Schlaf. Nur wechseln sich Traumschlaf und Tiefschlaf beim Baby und Kleinkind schneller ab als beim Erwachsenen. Das Gehirn ist bei einem sechs Monate alten Baby schon so weit entwickelt und das Schlafmuster so ausgereift, dass endlich der Zeitpunkt gekommen ist: Das Baby kann elf bis zwölf Stunden lang schlafen – hintereinander! Warum das trotzdem so oft nicht klappt, erfahren Sie im nächsten Abschnitt.

Das Schlafmuster:
Einschlafen, Aufwachen und Weiterschlafen

Prof. Ferber hat unserer Meinung nach den Zusammenhang zwischen dem Ablauf des Schlafs und den so verbreiteten kindlichen Schlafstörungen am anschaulichsten erklärt. Nach seinen wissenschaftlichen Erkenntnissen wurde die Abbildung 4 erstellt.

An der Abbildung können Sie sehen, wie der Schlaf bei einem mindestens sechs Monate alten Kind mit einem ausgereiften Schlafmuster in etwa abläuft. Sie sehen, dass die Nacht in diesem Beispiel von 20 bis ca. 7 Uhr dauert. Die Einschlafzeit abends spielt jedoch keine Rolle. Wenn Ihr Kind früher oder später ins Bett geht, wird das Muster dadurch nur nach vorn oder hinten verschoben, aber nicht verändert. Sie können auch die beiden schon besprochenen Schlafarten REM-Schlaf (Traumschlaf) und Nicht-REM-Schlaf (Tiefschlaf)

Jedes Kind kann schlafen lernen

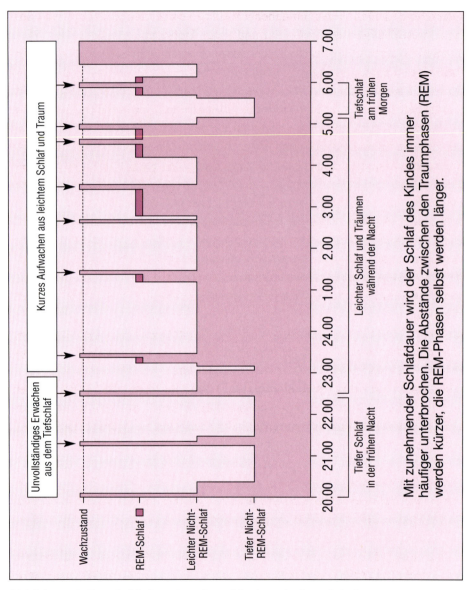

Abbildung 4: Das Schlafmuster eines Kindes ab dem 6. Lebensmonat (nach Ferber)

unterscheiden. Den Tiefschlaf haben wir etwas vereinfacht und nur in zwei Stufen dargestellt: Leichter Tiefschlaf und tiefer Tiefschlaf.
Der tiefe Tiefschlaf findet in den ersten zwei bis drei Stunden nach dem Einschlafen und noch einmal kurz in den frühen Morgenstunden statt. Für den Rest der Nacht wechseln sich Traumschlaf (REM) und leichter Tiefschlaf (Nicht-REM) mehrmals ab. Dazwischen sehen Sie immer wieder Pfeile. Sie bedeuten: Kurzes Aufwachen. Die ersten beiden Pfeile um 21.30 Uhr und 22.30 Uhr bedeuten: Unvollständiges Erwachen aus dem Tiefschlaf. Wir werden den Ablauf einer Nacht mit Hilfe dieser Abbildung sehr ausführlich erläutern. Sie können jederzeit zurückblättern, um sich die Abbildung noch einmal anzuschauen.
In unserem Beispiel legen Sie also Ihr Kind gegen 20 Uhr ins Bett und beobachten: Nach wenigen Minuten schläft es tief und fest. Einmal im tiefen Tiefschlaf angelangt, sind kleine Kinder nur schwer zu wecken. Die Eltern können den Staubsauger anstellen, das Licht einschalten, das Baby vom Auto in sein Bett bringen, oder es vielleicht sogar wickeln – es wird friedlich weiterschlafen.
An dieser Stelle kommt regelmäßig der Widerspruch einiger Eltern: *„Unser Kind schläft aber nicht schnell ein! Es dauert manchmal über eine Stunde lang, als ob es sich dagegen wehren würde einzuschlafen".*
Wir können uns dann schon ungefähr vorstellen, wie das Zubettbringen aussieht. Die betroffenen Eltern haben sich in der Regel angewöhnt, ihren Kindern mit mehr oder weniger aufwändigen Mitteln zum Einschlafen zu verhelfen.

Das Zubettbringen könnte dann so aussehen wie beim einjährigen **Kilian.** *Er wurde zum Einschlafen herumgetragen. Immer, wenn seine Mutter ihn ins Bett legen wollte, wurde er wieder wach.*

Oder wie bei der neun Monate alten **Marika:** *Die Mutter blieb abends zwei bis drei (!) Stunden lang bei ihr im Zimmer, immer im Blickkontakt, hielt Händchen, nahm sie zwischendurch auf den Arm.*

Oder wie bei den zahlreichen Eltern, die sich mit dem Kind ins Bett legen „müssen", bis es fest schläft. Wehe, sie versuchen zu früh, sich hinauszuschleichen! Dann ist die oder der Kleine wieder hellwach – und das Spielchen beginnt von Neuem.

All diese Beispiele – im 3. Kapitel folgen noch mehr – haben eins gemeinsam: Babys und kleine Kinder, die sich gegen das Einschlafen wehren, können sich nicht entspannt und schlafbereit in ihr Bettchen kuscheln. Sie „sind auf der Hut", denn während sie einschlafen, geschieht etwas mit ihnen. Irgendeine Art von Zuwendung wird ihnen entzogen.

Sie als Eltern würden sich so ähnlich fühlen, wenn Sie mit der Gewissheit ins Bett gingen: Wenn ich anfange einzuschlafen, zieht mir jemand die Bettdecke weg! Wahrscheinlich würden Sie ziemlich lange wach bleiben, um das zu verhindern. So ähnlich „denkt" auch das Baby: „Wenn ich einschlafe, schleicht sich jemand raus. Oder ich werde woanders hingebracht. Da gibt es nur eins: Bloß nicht einschlafen!" Eigentlich ein kluges Baby, finden wir.

Zum Glück reagieren nicht alle Babys so. Bei vielen besiegt das Schlafbedürfnis die Wachsamkeit, und der Übergang in den Tiefschlaf klappt trotzdem recht schnell. Wie Sie Ihrem Baby das Einschlafen wirklich erleichtern können, erfahren Sie in Kapitel 3.

Zurück zu unserer Abbildung 4. Irgendwann schläft jedes Kind ein und fällt in seinen tiefsten Tiefschlaf. Für die meisten Eltern heißt das: Nun haben wir ungefähr drei Stunden Ruhe. Die zahlreichen Pfeile auf der Abbildung, die jedes Mal „kurzes Aufwachen" bedeuten, erscheinen erst nach 23 Uhr – nämlich dann, wenn die erschöpften Eltern selbst gerade in ihren tiefsten Tiefschlaf gefallen sind.

Manche Kinder weinen jedoch schon kurz nach dem Einschlafen zum ersten Mal. Das kann bedeuten, dass sie noch gar nicht richtig eingeschlafen waren. Sicherlich ist das der Fall, wenn sie sich nach nur 20 oder 30 Minuten schon wieder melden.

Nach 1 bis 1½ Stunden ist ein Halb-Wachwerden aus dem Tiefschlaf jedoch völlig normal. Meist werden die Eltern gar nichts davon bemerken. Das Kind dreht sich vielleicht auf die andere Seite, kaut oder schmatzt oder reibt sich die Augen oder murmelt etwas Unverständliches. Vielleicht setzt es sich auch kurz auf, schaut mit glasigem Blick um sich und schläft dann sofort weiter. Ausgelöst wird dieses „halbe" Erwachen durch eine Veränderung der Gehirnströme. Im EEG erkennt man, dass sich plötzlich alle Schlafmuster miteinander vermischen. Die ersten beiden Pfeile auf der Abbildung 4 (21.30 Uhr und 22.30 Uhr) zeigen genau diesen Zustand an. Das Kind scheint gleichzeitig zu schlafen und wach zu sein.

Manche Kinder reagieren darauf nicht so normal wie oben beschrieben, sondern eher ungewöhnlich: Sie stehen auf und „geistern" in ihrem Zimmer oder in der Wohnung herum. Sie schlafwandeln. Andere bekommen sogar Schrei-Attacken, die mit Um-sich-Schlagen einhergehen und bis zu 20 Minuten andauern können.

Noch ein zweites Mal, in unserem Beispiel um 22.30 Uhr, kann es zu unvollständigem Erwachen kommen. Wieder wird es bei den meisten Kindern unbemerkt ablaufen, bei wenigen (unter 10%) kann es wiederum zu ungewöhnlichen Reaktionen wie Schlafwandeln oder sogar zu extremen Reaktionen wie Schreien und Um-sich-Schlagen führen. Mehr darüber erfahren Sie in Kapitel 6.

Viel häufiger (in über 90% der Fälle) haben Schlafstörungen aber etwas mit Schlafgewohnheiten zu tun. Für ihre Entstehung ist entscheidend: Was passiert nach 23 Uhr bzw. wenn die Kinder schon drei Stunden lang tief geschlafen haben? In unserem Beispiel tritt die erste REM-Phase (Traumschlaf) gegen 23 Uhr auf, danach folgen noch sechs weitere. Gegen Morgen werden die Traumphasen besonders lang und häufig. Nach jedem Balken, also nach jedem REM-Schlaf, erscheint ein Pfeil. Das bedeutet: Jedes Kind wacht kurz auf, bevor es zurück in den (nicht mehr ganz so tiefen) Tiefschlaf fällt. Dieses Aufwachen aus dem leichten Schlaf und dem Traumschlaf passiert also ungefähr siebenmal jede Nacht, besonders oft ab 3 Uhr morgens. Viele Eltern erkennen wahrscheinlich genau die Zeiten wieder, zu denen auch ihr Kind sich regelmäßig meldet.

Kein Kind schläft wirklich durch

Alle Kinder – übrigens auch alle Erwachsenen – werden nachts mehrmals wach. Der Unterschied ist nur: Die einen schlafen schnell wieder ein, ohne dass die Eltern überhaupt etwas bemerken. Viele Kinder schlafen jedoch nicht so schnell wieder ein, sondern werden richtig wach und fangen an zu weinen.
Mami oder Papi werden aus ihrem Tiefschlaf gerissen, müssen sich aufrappeln und ihren Liebling wieder zum Schlafen bringen. Wenn sie Glück haben, weint ihr Kind nur einmal oder zweimal pro Nacht. Es kann aber auch sein, dass es sich tatsächlich nach jeder Traumphase, also insgesamt 7mal oder sogar noch öfter, meldet. Mit bösen Träumen – wie manche Eltern vermuten – hat dieses Weinen allerdings gar nichts zu tun.

Aufwachen und Schreien: *„Warum gerade mein Kind?"*

Sie fragen sich vielleicht: Wozu ist das Aufwachen nach jeder REM-Phase eigentlich gut? Und warum schlafen viele Kinder einfach wieder ein, während meins jedes Mal anfängt zu schreien?

Zunächst zur ersten Frage:
Jeder kann sich vorstellen, dass in früheren Zeiten die Menschen nachts nicht so geschützt waren wie wir heute. Sie schliefen nicht in festen Häusern, sondern im Freien – umgeben von Feinden. Die ganze Nacht im Tiefschlaf zu verbringen, wäre zu gefährlich gewesen. Aus dem Traumschlaf, besonders am Ende jeder Traumphase, konnten sie sehr leicht geweckt werden und auf jedes verdächtige Geräusch blitzschnell reagieren. Das Schlafmuster mit „Gefahren-Warnsystem" war damit biologisch sinnvoll und fürs Überleben hilfreich.
Auch wir können nachts nach dem Traumschlaf von verdächtigen Geräuschen oder z.B. Brandgeruch sofort geweckt werden. Bei jedem Wachwerden prüfen wir, ob alles in Ordnung ist. Genau das tun auch die Babys und Kleinkinder.

Kapitel 2: Was wissen wir über den kindlichen Schlaf?

Damit sind wir bei der Antwort auf die zweite Frage: *"Warum fängt gerade mein Kind nachts mehrmals an zu schreien?"* Beim nächtlichen Aufwachen „checken" die Kleinen ab: Liege ich richtig? Bekomme ich genug Luft? Ist mir zu warm oder zu kalt? Tut etwas weh? Sie überprüfen also ihre eigenen Körperfunktionen. Und das ist sehr wichtig. Sie „checken" aber auch ab: Ist alles genauso, wie es beim Einschlafen war? Fühlt sich alles „normal" an?

*Nun stellen Sie sich ein Baby vor – vielleicht die sechs Monate alte **Vanessa**, wie sie abends in ihr Bettchen gelegt wird. Sie ist noch wach. Mami gibt ihr einen Gutenacht-Kuss und verlässt das Zimmer. Vanessa kuschelt sich mit ihrem Schmusetuch in ihre gemütliche Schlafstellung, nimmt vielleicht ihren Daumen und schläft ein, wahrscheinlich recht schnell. Drei Stunden später wird sie zum ersten Mal wach. Sie überprüft, ob alles in Ordnung ist: Richtige Umgebung, Schmusetuch, Daumen? Alles ist vorhanden. Alles fühlt sich normal an. Das „Warnsystem" braucht nicht aktiv zu werden. Vanessa schläft weiter, bevor sie richtig wach wird. Sie kann allein einschlafen. Nicht nur beim Mittagsschlaf und abends, sondern auch nachts.*

*Nun stellen Sie sich ein anderes Baby vor, vielleicht **Tim** – ebenfalls sechs Monate alt. Er wird, wie Vanessa, noch voll gestillt. Während Vanessa vom 3. Monat an wach ins Bett gelegt wurde, schläft Tim von Geburt an immer an der Brust ein, tagsüber und abends. Mami sitzt dabei meist im Schaukelstuhl und wiegt ihn sanft auf und ab. Tim schläft friedlich ein und kann nach 10-15 Minuten behutsam in sein Bettchen gelegt werden.*
Wie Vanessa wird er nach drei Stunden zum ersten Mal wach. Körperlich fühlt er sich gut – aber was ist denn das? Wo ist Mamis Wärme und Mamis Duft? Wo ist das sanfte Schaukeln? Und vor allen Dingen, wo ist die Brust? Gerade eben hat er doch noch so schön daran genuckelt! Tim „checkt" wie Vanessa, ob alles in Ordnung ist. Aber in seinem Warnsystem läuten alle Alarmglocken. Nichts ist in Ordnung! Er ist allein in einer Umgebung, die ganz anders ist als beim Einschlafen. Sofort ist Tim hellwach und fängt aus Leibeskräften an zu schreien. Es dauert nicht lange, bis Mami ihn schlaftrunken aus seinem Bettchen holt, sich mit ihm auf den Schaukelstuhl setzt

und ihn anlegt. Ja, denkt Tim, so muss sich das anfühlen beim Einschlafen. So ist es in Ordnung. Und, sanft gewiegt und zwar nicht hungrig, aber genüsslich, nuckelt er sich schnell wieder in den Schlaf. Das Spiel wiederholt sich um 1 Uhr nachts, um 2.30 Uhr, 3.30 Uhr, 4.30 Uhr, 5 Uhr und 5.30 Uhr. Tim ist ein gesundes, aufgewecktes, freundliches Baby. Die Eltern sind stolz und glücklich, weil er für sein Alter schon so besonders viel gelernt hat. Aber eins hat er noch nicht gelernt: Er kann noch nicht allein einschlafen. Er hat statt dessen gelernt: Wenn ich nachts aufwache, ist nichts so, wie ich es sonst zum Einschlafen gewohnt bin. Ich muss erst schreien, dann kommt Mami und macht alles so, wie es sein muss. Wenn sie nicht sofort kommt, muss ich manchmal länger und lauter schreien. Aber dann kriege ich immer genau die Bedingungen, die ich gewohnt bin. Und nur das, was ich kenne, kann doch richtig sein. Das ist doch klar. So denkt Tim. Er hat für sein Alter wirklich schon viel gelernt.

Seine Mami hilft ihm jede Nacht mehrmals in den Schlaf. Das Stillen kann ihr niemand abnehmen. Deshalb kann sie auch niemals abgelöst werden. Mit all ihrer liebevollen Aufopferung, die sie oft an den Rand der Erschöpfung treibt, erreicht sie aber keine Besserung, sondern im Gegenteil: Sie verhindert, dass sich etwas ändert. Tim hat so gar keine Chance zu lernen: Auch ohne Hilfe einschlafen ist vollkommen in Ordnung. Wenn er das gelernt hätte, könnte auch Tim durchschlafen.

Es gibt sehr viele Kinder wie Tim, die beim Einschlafen abends und nachts auf die Hilfe ihrer Eltern angewiesen sind. Erst im Alter von etwa vier Jahren sind die Kinder dann soweit, dass sie sich um alles, was ihnen fehlt, selbst kümmern können.

Deshalb kommen Schlafstörungen bei Kindern über vier Jahren auch schon wesentlich seltener vor, bei Kindern bis zu zwei Jahren aber besonders oft. Die meisten von ihnen schlafen unter Bedingungen ein, die sie nachts nicht allein wieder herstellen können.

Robert *(sechs Monate alt) zum Beispiel war zwar allein in seinem Bett, brauchte aber zum Einschlafen einen Schnuller. Bis zu zehnmal musste sei-*

ne Mutter jede Nacht aufstehen, um ihm den Schnuller in den Mund zu stecken. Er selbst fand ihn noch nicht allein.

Auch **Till** (zehn Monate alt) schlief allein in seinem Bett, allerdings mit Fläschchen. Aus dem einen Fläschchen wurden nach und nach neun, die ihm nachts ans Bett gebracht werden mussten.

Bei **Gina** (15 Monate alt) entwickelte sich das Einschlafen mit Fläschchen zum regelmäßigen nächtlichen Verzehr von einem Liter (!) dickem Milchbrei.

Kilian (zwölf Monate alt) wurde zum Einschlafen herumgetragen – nachts stündlich jeweils bis zu 20 Minuten lang.

Bei **Yannick** (acht Monate alt) war der große Gymnastikball angesagt. Abends und nachts mussten Mama oder Papa mehrmals mindestens zehn Minuten lang mit ihm hopsen, bis er darüber einschlief.

Lena (elf Monate alt) war noch nie in ihrem Leben allein in ihrem Bettchen eingeschlafen, immer in Mutters Bett an der Brust – die verlangte sie jede Nacht bis zu sechsmal.

Florian (zwölf Monate alt) spielte zusätzlich immer mit Mamis Haaren.

Annina (sechs Monate alt) wurde tagsüber, abends und nachts in einer speziellen Hängematte in den Schlaf geschaukelt.

Manche Beispiele hören sich für Unbeteiligte fast komisch an. Sie sprechen aber nur für die Phantasie von verzweifelten Eltern, die nichts unversucht lassen, ihre lieben Kleinen zum Schlafen zu bringen.

Stefanies Vater zum Beispiel kletterte trotz seiner Körpergröße von 1,90 Metern regelmäßig zu seiner Tochter ins Gitterbettchen.

Jedes Kind kann schlafen lernen

Manche Eltern legen sich als „Bettvorleger" vor das Bett ihres Kindes, andere unternehmen nächtliche Autofahrten oder schieben mitten in der Nacht den Kinderwagen durch die Wohnung. Einige stellen den Staubsauger oder den Fernseher an, eine Mutter sogar den Schleudergang der Waschmaschine. Zum Einschlafen legte sie ihr Baby oben drauf.

All diese „Einschlaf-Hilfen" bewirken genau das Gegenteil von dem, was sie erreichen sollen. Sie verhindern, dass das Kind lernen kann durchzuschlafen. Der „Erfolg" ist immer nur kurzfristig. Das Einschlafen gehört aber eigentlich zu den völlig natürlichen angeborenen Fähigkeiten, die alle Babys beherrschen, wenn man sie lässt.

Die kleine Vanessa in unserem Beispiel kommt nachts allein zurecht. Ihre Schmusedecke und ihren Daumen findet sie selbst. Da sie schon seit den ersten Lebenswochen wach ins Bett gelegt worden ist, findet sie es ganz normal und fühlt sich dabei wohl.

Ein Schmusetuch oder Stofftier ist als Einschlafhilfe immer günstig. Beides kann auch nachts leicht ertastet werden. Ohne Schnuller wird ein Kind wahrscheinlich eher seinen Daumen entdecken. Was auch immer man sonst gegen das Daumen-Nuckeln einwenden kann: Daumen-Kinder haben nur selten Schlafprobleme.

*Ein besonderer Fall ist **Anna-Lena,** ein Jahr alt. Sie schläft zwar von Geburt an wunderbar allein und schnell in ihrem Bettchen ein, trinkt aber mittlerweile jede Nacht jeweils ein großes Fläschchen Tee und Milch. Sie ist ganz besonders klug und will beim Aufwachen in der Nacht alles genauso haben wie beim Aufwachen in der vergangenen Nacht – nicht etwa wie am Abend. Sie hat gelernt zu unterscheiden: Abends allein im Bett einzuschlafen ist in Ordnung, aber nachts ist es nur mit Fläschchen in Ordnung.*

Kindern wie Anna-Lena fällt das Umlernen besonders leicht. Was andere ganz neu lernen müssen, können sie schließlich schon: allein einschlafen. Wie Sie

Kapitel 2: Was wissen wir über den kindlichen Schlaf?

die Schlafgewohnheiten Ihres Kindes ändern können, erfahren Sie ausführlich in Kapitel 5.

Zum Abschluss dieses Kapitels möchte ich noch eine kleine Geschichte erzählen, die kürzlich eine Mutter zum Besten gab:

__Laura__ war eigentlich immer ein friedliches, unkompliziertes Kind. Sie schlief von Geburt an bis zu ihrem 4. Lebensjahr bei ihren Eltern im Bett. Da sie einen sehr ruhigen Schlaf hatte, machte es den Eltern nichts aus. Sie hatten nichts dagegen und unternahmen auch nichts dagegen. Mit vier Jahren erklärte Laura eines Tages mit ernster Miene: „Ich bin jetzt groß. Ich will jetzt allein in meinem Bett schlafen". Genau das tat sie auch. Sehr zum Leidwesen ihres Vaters. Sie hatte sich immer gegen seinen Rücken gekuschelt. An dieses Gefühl hatte er sich so gewöhnt, dass er nun nach seinen nächtlichen Aufwach-Phasen nicht wieder einschlafen konnte. Sein Warnsystem zeigte „nicht in Ordnung" an. Und was machte er? Er holte sich seine Tochter wieder zurück ins Bett. Erst als sie nach mehreren Versuchen immer noch heftig protestierte, sie sei doch jetzt groß, gab er auf und musste wohl oder übel wieder lernen, ohne seine Tochter im Rücken einzuschlafen.

Kapitel 2: Das Wichtigste in Kürze

- **Nach sechs Monaten können Babys Tag und Nacht unterscheiden**
  Mit sechs Monaten haben die Babys den Unterschied zwischen Tag und Nacht gelernt. Ihr Schlafmuster ist ausgereift und läuft schon ähnlich ab wie beim Erwachsenen. Sie können nun etwa elf Stunden hintereinander schlafen und brauchen nachts nichts mehr zu trinken.

- **Nächtliches Aufwachen ist normal**
  Der Schlaf ist kein gleichförmiger Zustand. Mehrmals in der Nacht wechseln sich Tiefschlaf und Traumschlaf ab. Nach jeder Traumphase wird das Kind kurz wach. Das ist ganz normal.

- **Bestimmte Einschlaf-Gewohnheiten können zu Durchschlaf-Problemen führen**
  Viele Kinder können nach dem Wachwerden nicht wieder allein einschlafen. Sie weinen jedes Mal nach ihren Eltern. Diese Kinder sind nicht „gestört", sondern besonders lernfähig. Sie haben gelernt, dass zum Einschlafen ganz bestimmte Gewohnheiten gehören – nicht nur tagsüber und abends, sondern auch nachts. Außerdem haben sie gelernt, diese Gewohnheiten ihren Eltern gegenüber durchzusetzen.

- **Wer allein einschlafen kann, kann auch durchschlafen**
  Kinder, die regelmäßig allein in ihrem Bettchen einschlafen, haben nur selten Schlafprobleme. Zwar werden auch sie nachts mehrmals wach. Aber sie finden allein wieder in den Schlaf zurück und sind dabei nicht auf die Hilfe ihrer Eltern angewiesen.

3
Wie Ihr Kind von Anfang an ein „guter Schläfer" wird

In diesem Kapitel erfahren Sie, …

- was Sie in den ersten sechs Monaten tun können, damit Ihr Kind ein guter Schläfer wird
- wie Sie vom 6. Monat an für Ihr Kind ein harmonisches Abendritual gestalten können
- welche Meinung wir zum Thema „Schlafen im Elternbett" haben
- welche festen Schlafzeiten für Ihr Kind sinnvoll sind

Die ersten sechs Monate

Vielleicht ist Ihr Baby noch sehr klein, oder es ist noch gar nicht auf der Welt. Dann haben Sie die Möglichkeit, von Anfang an auf günstige Schlafgewohnheiten zu achten.

Ist Ihr Baby schon etwas älter, hat es vielleicht bereits sehr feste, aber leider ungünstige Einschlaf-Gewohnheiten. Wenn Sie die verändern wollen, wird es wahrscheinlich zunächst einmal protestieren. Wie Sie Ihr Kind an günstigere Einschlaf-Bedingungen gewöhnen und gleichzeitig auf seine Bedürfnisse Rücksicht nehmen können, erfahren Sie in Kapitel 5.

Auf den nun folgenden Seiten geht es darum, wo, wie und wann Ihr Kind am besten schläft – vom ersten Lebenstag an. Es wäre wunderbar, wenn Ihr Kind auf diese Weise ein guter Schläfer wird – und Sie die Informationen aus dem 5. Kapitel gar nicht erst anwenden müssen.

Wo soll das Baby schlafen?

Die ersten Lebenswochen sind eine aufregende Zeit, ganz besonders beim ersten Kind. Viele Eltern sind überwältigt von ihrem Gefühl zu diesem kleinen Wesen, das ihr Leben total verändert hat. Sie wollen es am liebsten gar nicht aus den Augen lassen und Tag und Nacht in seiner Nähe sein. Viele junge Eltern fühlen sich aber auch erschöpft und ab und zu überfordert – besonders, wenn ihr Baby sehr viel schreit.

- Da Neugeborene auch nachts mehrmals gestillt oder mit dem Fläschchen gefüttert werden müssen und dabei sehr oft wieder einschlafen, holen viele Mütter das Baby nachts einfach mit zu sich ins Bett. Dagegen wäre auch nichts einzuwenden, wenn Sicherheitsexperten nicht warnen würden: Im Elternbett steigt das Risiko, dass das Baby überhitzt wird. Überhitzung wiederum ist eine der Ursachen für plötzlichen Kindstod.
- Daher wird aus Sicherheitsgründen empfohlen, das Baby während der ersten sechs Monate in sein eigenes Körbchen oder Bettchen zu legen. Wich-

tig ist, dass die Eltern auffällige Geräusche sofort mitbekommen. Wenn das Kind nicht mit im Elternschlafzimmer schläft, sollten zumindest die Türen offen bleiben oder ein Babyfon zur Überwachung eingesetzt werden.
- Noch ein wichtiger Hinweis zur Sicherheit Ihres Babys: Legen Sie es zum Schlafen immer auf den Rücken! Es ist mittlerweile nachgewiesen, dass die Bauchlage den gefürchteten plötzlichen Kindstod sehr viel wahrscheinlicher macht. Aus der immer noch manchmal empfohlenen Seitenlage kann das Baby zu leicht auf den Bauch rollen. Auf dem Rücken schläft es am sichersten! Aus Sicherheitsgründen sollten Sie auch darauf verzichten, im ersten Lebensjahr ein Kissen oder ein Schaffell ins Bettchen zu legen.

Schlafzeiten und Einschlaf-Gewohnheiten

Sie wissen bereits, dass ein Neugeborenes noch nicht Tag und Nacht unterscheiden kann. Es wird wach, wenn es Hunger hat und schläft ein, wenn es satt ist. Hunger hat es noch ziemlich oft, manchmal alle ein bis zwei Stunden. Es dauert vier bis sechs Monate, bis sich seine „innere Uhr" entwickelt hat. Die „innere Uhr" lässt zum Beispiel nachts die Körpertemperatur absinken und bewirkt, dass der ganze Organismus auf „Schlaf" umschaltet. Die eingebaute biologische Uhr stimmt jedoch nicht genau mit dem 24-Stunden-Rhythmus eines Tages überein. Ohne äußere Einflüsse wie regelmäßige Mahlzeiten, Aufsteh- und Bettzeiten usw. würde unsere innere Uhr erst nach ca. 25 Stunden den nächsten Tag einläuten. Wir haben also sozusagen immer eine Stunde „in Reserve".
Im Urlaub z.B. hat wohl jeder schon einmal die Erfahrung gemacht, dass es Abend für Abend später wird und auch kleine Kinder gegen Ende des Urlaubs morgens ungewohnt lange schlafen. Wichtiger ist aber eine andere Schlussfolgerung: Kinder, auch kleine Säuglinge, brauchen eine gewisse Regelmäßigkeit, damit sich die innere Uhr auf den normalen Tagesablauf einstellen kann. Schon in den ersten Lebenswochen können Sie Ihrem Baby helfen, den Unterschied zwischen Tag und Nacht zu lernen.

- Nachts sollten Sie es nur wickeln, wenn es wirklich nass ist. Machen Sie nur so viel Licht wie unbedingt nötig, und legen Sie Ihr Baby nach dem Stillen oder dem Fläschchen gleich wieder zurück ins Bett. Spielzeit sollte von Anfang an nur tagsüber sein. Dann können Sie z.B. das Wickeln über die nötige Routine hinaus ausdehnen, um mit dem Baby zu spielen oder zu schmusen. Geschaukelt, getragen oder im Wagen gefahren zu werden, gefällt den meisten Babys besonders gut, wenn sie gerade satt und zufrieden sind. Schenken Sie Ihrem Kind vor allem dann viel Aufmerksamkeit, wenn es gerade wach und ausgeschlafen ist.
- Wenn Ihr Baby nachts nach dem Stillen nicht gleich wieder einschlafen will, lassen Sie es ruhig ein Weilchen vor sich hin quengeln. Erst, wenn es richtig anfängt zu schreien und sich offensichtlich nicht selbst beruhigen kann, versuchen Sie es zu trösten. Sie können es streicheln, auf den Arm nehmen, schaukeln, ihm etwas vorsingen oder mit ihm reden. Es ist aber nicht sinnvoll, einem Baby nachts immer wieder die Brust oder die Flasche zu geben, wenn es schon längst satt ist. Nur in besonderen Fällen sollten Sie Brust oder Fläschchen zur Beruhigung geben. Sonst wird es sehr schwierig, die Zeiten zwischen den Mahlzeiten – auch nachts – nach und nach auszudehnen. Manche Babys gewöhnen sich daran, stündlich zur Beruhigung an der Brust zu nuckeln. Wenn Sie es häufig auf andere Weise beruhigen, kann es lernen, auch ohne Brust einzuschlafen. Dann wird es wahrscheinlich nachts nur noch wach, wenn es wirklich Hunger hat.
- Auch tagsüber ist stündliches Stillen nur bei einigen sehr zarten Neugeborenen sinnvoll, oder wenn die Milchproduktion noch nicht so recht in Gang gekommen ist. Ist Ihr Kind gesund und nimmt gut zu, können Sie ihm schon mit etwa vier Wochen dreistündige Pausen zwischen den Mahlzeiten zumuten. Nachts können die Pausen sogar noch länger sein.

Joanne Cuthbertson und Susie Schevill empfehlen in ihrem Elternratgeber [6] eine Methode, die schon vielen Babys zum frühen Durchschlafen verholfen hat. Es ist die **feste späte Abendmahlzeit**. Sie können schon am 3. Lebenstag, aber natürlich durchaus auch zu einem späteren Zeitpunkt in den ersten Lebenswochen damit anfangen:

Kapitel 3: Wie Ihr Kind von Anfang an ein „guter Schläfer" wird

- Auch wenn Sie sonst ganz nach Bedarf stillen oder füttern, legen Sie den Zeitpunkt für die letzte Abendmahlzeit fest: Am besten zwischen 22 und 24 Uhr, bevor Sie selbst schlafen gehen. Jeden Tag um diese Zeit wecken Sie Ihr Baby und stillen es oder geben ihm sein Fläschchen, egal wie lange es bis dahin geschlafen oder wann es zum letzten Mal getrunken hat. Wenn Ihr Baby beim Trinken zu schnell schläfrig wird, dann wickeln Sie es zwischendurch.

Diese regelmäßige Mahlzeit hilft Ihrem Baby, seine innere Uhr auf den Tag-Nacht-Rhythmus einzustellen. Nach einigen Tagen wird es sich angewöhnen, zu dieser festen Zeit auch hungrig zu sein und viel zu trinken. Wir müssen allerdings eine kleine Einschränkung machen: Einige Babys schlafen so fest, dass das Wecken und Trinken bei dieser späten Abendmahlzeit auch nach mehreren Versuchen nicht klappen will. Der Versuch lohnt sich auf jeden Fall – aber erzwingen können Sie es nicht.

Viele Babys schlafen nach der letzten Abendmahlzeit nach und nach von sich aus immer länger, bis sie vor Hunger wach werden. Wenn Ihr Baby das nicht von selbst schafft, können Sie ihm dabei helfen. Es sollte fünf bis sieben Wochen alt und gesund sein und mindestens 5 kg wiegen, dann können Sie die folgenden **Schritte** beherzigen:

- Fangen Sie jetzt damit an, Ihr Kind regelmäßig wach ins Bett zu legen. Es kann schon lernen, allein einzuschlafen.
- Lassen Sie normale Geräusche zu. Ihr Baby braucht keine absolute Ruhe.
- Wecken Sie Ihr Baby, wenn es tagsüber zu lange schläft. Besonders am späten Nachmittag sollte es ruhig etwas länger wach sein. Spielen Sie mit ihm!
- Nach der späten Abendmahlzeit (nach 22 Uhr) sollten Sie Ihr Baby nie wecken. Wenn es weint, warten Sie erst einmal kurz ab. Geben Sie ihm die Chance, sich selbst zu beruhigen.
- Die Zeit bis zur ersten Morgenmahlzeit kann vom Zeitpunkt der späten Abendmahlzeit an langsam ausgedehnt werden. Ihr Kind kommt jetzt wahrscheinlich bis 5 oder 6 Uhr morgens ohne Nahrung aus.

Hier einige Tipps, wie Sie Ihrem Kind dabei helfen können. Drei bis vier Tage lang kann es dauern, bis der Erfolg sichtbar wird.

- Am günstigsten wäre es, wenn nicht die Mutter, sondern der Vater in diesen Tagen den „Nachtdienst" übernimmt. Mamis Brust zu spüren und dann nichts zu bekommen, nehmen die meisten Babys übel.
- Wenn Ihr Baby wach wird, sollte es nicht sofort gestillt werden. Versuchen Sie, Ihr Baby mindestens eine Stunde „hinzuhalten". Alles ist dabei erlaubt: Streicheln, Reden, Schnuller geben, Herumtragen, Wickeln, sogar Fernsehen. Wenn Ihr Kind dabei einschläft – herzlichen Glückwunsch. Wenn nicht, können Sie ihm Tee oder Wasser aus dem Fläschchen geben. Erst ganz zuletzt, mindestens eine Stunde später als üblich, bekommt es Mamis Brust oder Milch aus dem Fläschchen. Zögern Sie diese Mahlzeit jeden Tag etwas hinaus. Ihr Baby wird dann abends besonders viel trinken und nicht mehr so schnell hungrig aufwachen.
- Das nächtliche Herumtragen, das Teefläschchen und die anderen „Hilfen" sollten Ihrem Baby den Übergang erleichtern, aber natürlich nicht zur Dauer-Gewohnheit werden. Wenn Ihr Baby von 23 Uhr bis 5 oder 6 Uhr schläft – und genau das kann es auf diese Art und Weise lernen – kann das Ihnen beiden nur gut tun.
- Sollte nach der 4. Nacht immer noch keine Besserung eingetreten sein, geben Sie das Hinauszögern der Morgenmahlzeit auf. Ihr Kind braucht noch etwas Zeit. Vier Wochen später können Sie es noch einmal probieren.

Bei Säuglingen unter sechs Monaten spielt die biologische Reifung und Entwicklung noch eine große Rolle. Deshalb lassen sich manche von ihnen noch nicht in ein festes Zeitschema zwängen.

Die oben aufgeführten Schritte können Sie aber auf jeden Fall schon beherzigen. Zusätzlich sollten Sie Ihr Baby ab dem 3./4. Monat allmählich an regelmäßige Mahlzeiten gewöhnen und es abends immer zur selben Zeit ins Bett bringen.

Kapitel 3: Wie Ihr Kind von Anfang an ein „guter Schläfer" wird

Vielleicht haben Sie auch schon mal gehört oder gelesen: *„Wenn Sie immer nach Bedarf stillen oder füttern und Ihr Kind selbst entscheiden lassen, wann es schlafen will, regelt sich alles von selbst"*. Sicherlich stimmt das auch in vielen Fällen. Wenn Sie ein „pflegeleichtes", unkompliziertes Baby haben, brauchen Sie vielleicht überhaupt nicht einzugreifen. Dass das aber nicht in jedem Fall so einfach ist, zeigt die Geschichte vom kleinen Fabian.

__Fabian__ war erst zehn Wochen alt, aber seine Eltern waren schon am Rande der Erschöpfung. Fabian schlief nachts fast überhaupt nicht. Wenn er nicht schrie, saß die Mutter mit ihm im Bett und wiegte ihn auf dem Arm. Wenn er schrie, trug sie ihn durch die Wohnung. Für kurze Zeit nickte er dann ab und zu ein. Zwischen 4 Uhr und 6 Uhr morgens war die Nacht zu Ende. Er bekam sein Fläschchen, wurde gewickelt, schließlich gebadet. Das Baden genoss Fabian sehr. Danach schlief er oft fünf Stunden hintereinander – tagsüber von 8 bis 13 Uhr! Nachmittags hatte er noch einmal eine dreistündige Schlafphase. Aber die Nächte waren immer katastrophal. Es musste unbedingt etwas passieren, obwohl Fabian noch so jung war.
Zunächst einmal holten die Eltern das Kinderbett aus dem Keller. Fabian sollte nicht mehr wie bisher bei seiner Mutter auf dem Sofa, sondern in seinem eigenen Bettchen schlafen.
Eine weitere Veränderung bot sich sofort an. Da Fabian sich durch das Baden offensichtlich entspannte und danach wunderbar schlafen konnte, musste das tägliche Bad vom Vormittag auf den Abend verlegt werden.
Außerdem musste die Mutter etwas tun, was sie sich bisher nie getraut hatte. Sie musste ihr schlafendes Baby wecken – und wach halten, um es an den normalen Tag-Nacht-Rhythmus zu gewöhnen. Tagsüber sollte Fabian nun regelmäßig nach zwei Stunden Schlaf geweckt werden. Vor seiner letzten Mahlzeit – sie wurde auf 22 Uhr festgelegt – musste Fabian möglichst 3 Stunden wach bleiben. In dieser Zeit wurde er in aller Ruhe gebadet und gewickelt.
Das Verblüffende war: Fabian schlief sofort in der ersten Nacht von 22 bis 6 Uhr durch. Er bekam ein Fläschchen und schlief noch einmal ein – bis 8 Uhr. Der Rhythmus stabilisierte sich innerhalb weniger Tage. Obwohl er

tagsüber – wie vorher auch – immer noch sehr viel weinte, ging es der Familie wesentlich besser.

Das Baden und Planschen macht übrigens nicht alle Babys müde. Manche sind danach besonders aktiv und quicklebendig. Wenn Sie aber das Gefühl haben, dass auch Ihr Baby nach dem Baden gut schläft und seine Haut nicht zu empfindlich ist, können Sie das Bad am Abend in das tägliche Einschlaf-Ritual aufnehmen.
Für alle Babys ist es hilfreich, wenn die letzte Stunde vor dem Schlafengehen immer gleich und vorhersehbar abläuft. Gerade die letzten Minuten vor dem Zubettbringen sollten Sie so gestalten, dass Sie und Ihr Baby diese Zeit genießen können. Nicht nur das Baden bietet sich dafür an. Auch gemeinsames Schmusen, Singen oder Schaukeln auf dem Schaukelstuhl oder sogar alles nacheinander ist als Einschlaf-Ritual möglich.
Weniger günstig ist das Nuckeln an Mamis Brust oder am Fläschchen. Das sollte mindestens eine halbe Stunde vor dem Zubettbringen passiert sein. Denn Sie wissen bereits: Einschlafen soll Ihr Baby jetzt möglichst nicht mehr mit Ihrer Hilfe, sondern allein in seinem Bettchen.

„Schrei-Babys"

Wussten Sie, dass manche Babys während der ersten drei Lebensmonate weniger als eine Stunde am Tag schreien, andere aber mehr als vier Stunden lang? Das Verhalten der „Schrei-Babys" wurde früher mit „3-Monats-Koliken"erklärt. Da es aber mit Magen-Darm-Störungen gar nichts zu tun hat, nennen die Fachleute es heute einfach „exzessives Schreien". Warum Babys mit so unterschiedlicher „Schrei-Bereitschaft" auf die Welt kommen, und warum mit vier Monaten meist alles wesentlich besser wird, hat die Wissenschaft noch nicht herausgefunden. Aber eines ist sicher: Schreien ist für jedes Baby ein normales Verhalten.
Schreien löst aber bei allen Eltern eine Art Reflex aus, nämlich den dringenden Wunsch, es schnell zu beenden. Den Eltern der „pflegeleichten" Babys

Kapitel 3: Wie Ihr Kind von Anfang an ein „guter Schläfer" wird

wird das auch recht leicht gelingen. Füttern und ein wenig Herumtragen reicht aus, um die Bedürfnisse dieser Kinder zu stillen. Dann sind sie zufrieden und hören auf zu schreien. Die Eltern erleben sich – zu Recht! – als „gute Eltern". Wie frustrierend ist dagegen die Erfahrung, ein schreiendes Baby einfach nicht beruhigen zu können – weder mit Füttern, Wickeln, Herumtragen, schon gar nicht mit Kinderwagen-Fahren. Wie soll man dem Bild der glücklichen jungen Mutter entsprechen, wenn im Kinderwagen selten ein friedlich schlafendes, sondern fast immer ein brüllendes Baby zu „bewundern" ist und man sich dann auch noch mit gutgemeinten Fragen: *„Was fehlt ihm denn?"* und Ratschlägen: *„Sie können es doch nicht einfach schreien lassen!"* auseinandersetzen muss?

Zu Hause ist es nicht viel besser. Sogar der genervte Papa oder die Oma schrecken nicht vor Vorwürfen an die stillende Mutter zurück: *„Was hast Du denn wieder gegessen, dass das Kind solche Blähungen hat?"* Selbstzweifel kommen auf. Wenn das Baby schreit, zieht sich schon Mamis Magen zusammen. Sie hat Angst, ihr Baby wieder nicht beruhigen zu können. Die Beruhigungsversuche werden immer heftiger. Sie setzen immer früher ein. Unvorstellbar, dass das Kleine sich je selbst beruhigen könnte.

Wir wissen, wovon wir reden. Beide Autoren haben recht ausgefallene Methoden ergriffen, um ihren schreienden Babys zu helfen. Dr. Morgenroth trug sein Söhnchen Claas auf und ab – aber stets im Laufschritt! Ich selbst wanderte mit Tochter Katharina an der Brust (!) durchs Haus, bis der Rücken endgültig streikte. Heute wissen wir: Wir waren gute Eltern, obwohl unsere Kinder so viel geschrien haben. Aber wahrscheinlich haben wir zuviel des Guten getan.

Die unterschiedlichen Schreizeiten bei Neugeborenen sind anlagebedingt. Die ersten Monate aber sagen wenig darüber aus, wie sich ein Kind später entwickelt. Ein Schrei-Baby kann später zum freundlichen, stets gut gelaunten Sonnenschein werden. Das zufriedene Baby kann vielleicht später im Kleinkindalter recht schwierige Trotzphasen haben.

Einige Informationen können Ihnen helfen, mit Ihrem schreienden Baby etwas selbstsicherer umzugehen:

- Magen-/Darm-Störungen sind nach neueren wissenschaftlichen Untersuchungen [7] nicht die Ursache für häufiges, langandauerndes Schreien. Auch die Ernährung der stillenden Mutter spielt nur sehr selten eine Rolle.
- Vielleicht schreit das Baby, weil es eine Unmenge von Reizen und Informationen verarbeiten muss. Meist liegen die längsten Schreizeiten am späten Nachmittag oder in den frühen Abendstunden. Das könnte bedeuten: Das kleine, erst wenige Wochen alte Baby ist von all diesen Eindrücken überwältigt und überfordert. Es reagiert auf diese Weise auf die Reizüberflutung und schirmt sich so gegen weitere Reize ab.
- Beruhigen Sie Ihr Baby nicht um jeden Preis. Dauerndes Stillen, heftiges Schaukeln, Rennen mit dem Kinderwagen, ständig wechselndes Spielzeug – all das überfüttert Ihr Kind nur noch mehr mit Reizen und Eindrücken. Wenn Ihr Baby satt und trocken ist, versuchen Sie es mit Streicheln, sanftem Wiegen und ruhigem, behutsamen Sprechen.
- Manche Babys können sich selbst schlecht beruhigen, weil sie beim Schreien ihren Kopf und ihre Ärmchen zurückwerfen. Sie können versuchen, Ihr Baby behutsam in eine bequemere Lage zu bringen. So, wie es sich im Mutterleib „zusammengerollt" hat, kommt es auch in seinem Bettchen eher zur Ruhe. Bei ganz kleinen Säuglingen, die noch nicht sechs Wochen alt und sehr unruhig sind, hilft manchmal die „Einwickelmethode". Lassen Sie sich von Ihrer Hebamme zeigen, wie Sie Ihr Baby fest in ein großes Tuch wickeln können.
- Lässt Ihr Baby sich innerhalb von fünf bis zehn Minuten nicht beruhigen, will es in Ruhe gelassen werden! Also legen Sie es für die nächsten fünf bis zehn Minuten hin und warten ab. Dann machen Sie ihm wieder ein behutsames Angebot: *„Kann ich dir helfen?"* Ihr Kind lässt Sie spüren, ob es Ihre Hilfe haben möchte. Geben Sie ihm die Chance zu lernen, dass es sich selbst beruhigen kann.
- Für Ihr Baby ist es sehr wichtig, dass Sie sich nicht nur dann mit ihm beschäftigen, wenn es schreit. Es würde sonst lernen: *„Wenn ich Mamis Zu-*

wendung bekommen will, muss ich schreien. Freiwillig spielt sie nicht mit mir. Also schreie ich!"
- Der Tag wird für Ihr Baby überschaubarer und vorhersehbarer, wenn Schlaf- und Spielzeiten, Spaziergänge und Mahlzeiten regelmäßig stattfinden. Was bei unkomplizierten Kindern nicht erforderlich ist, hilft einem besonders sensiblen Baby, mit seiner Umwelt besser zurechtzukommen.
- Bedenken Sie: Die Verhaltens-Möglichkeiten eines winzigen, noch nicht einmal drei Monate alten Babys sind noch sehr begrenzt: Es kann noch nicht gezielt über einen längeren Zeitraum etwas beobachten. Es kann noch nicht gezielt seine Händchen zum Mund führen und daran saugen. Es kann seinen Blick und die Bewegungen seiner Hände noch nicht aufeinander abstimmen. Es kann noch nicht spielen. Was bleibt ihm zur Selbstbeschäftigung noch übrig? Wenn es älter wird, entwickelt es immer mehr Fähigkeiten. Es kann andere Dinge tun – und braucht nicht mehr soviel zu schreien.

„Schrei-Babys" entwickeln besonders oft eine Schlafstörung. Ihre Eltern haben sie mit Schaukeln, Tragen, Stillen o.ä. zum Einschlafen gebracht. Das war auch richtig so. Allerdings kann man sehr leicht den Zeitpunkt verpassen, von dem an dem Baby nichts mehr fehlt. Mit drei, allerspätestens mit vier Monaten ist dieser Zeitpunkt gekommen. Nun lassen sich die Kleinen viel leichter beruhigen. Trotzdem verlangen sie nach wie vor eine „Sonderbehandlung", weil sie auf liebgewordene Gewohnheiten nicht mehr verzichten wollen. Auch sie können nun aber lernen, allein einzuschlafen und nachts mehrere Stunden ohne Mahlzeit auszukommen.

Allein einschlafen lernen – aber wie?

Auf den wichtigsten Punkt bei der Vorbeugung gegen Schlafstörungen gehen wir nun noch einmal genauer ein: Wenn Ihr Baby ohne Ihre Hilfe einschlafen kann, hat es etwas sehr Entscheidendes gelernt: Es braucht Sie nachts nur noch zu wecken, wenn es Hunger hat. Für Ihr Baby haben Gewohnheiten wie Schaukeln, Nuckeln an Brust oder Fläschchen, Kinderwagen-Fahren, oder was auch immer, dann eben nichts mit Schlafen zu tun. Ihr Baby schafft den Übergang in den Schlaf allein – tagsüber und auch nachts. Das heißt: Sobald es nachts nichts mehr zu trinken braucht, also spätestens mit einem halben Jahr, kann es durchschlafen.

Wenn Sie Ihrem Baby helfen wollen, das zu lernen, kommen Sie um eines nicht herum: Irgendwann müssen Sie anfangen, es wach in sein Bettchen zu legen. Aber wann? Und was sollen Sie tun, wenn Ihr winzig kleines Baby jedes Mal kläglich weint?

Zur ersten Frage: Setzen Sie sich auf keinen Fall unter Zeitdruck! Wenn Ihr Neugeborenes friedlich an Ihrer Brust einschläft, dann lassen Sie es geschehen, und genießen Sie es! Sie und Ihr Baby haben viele Wochen Zeit, das Allein-Einschlafen allmählich zur Gewohnheit werden zu lassen. Ob Sie damit beginnen wollen, wenn Ihr Baby fünf oder zehn oder 15 Wochen alt ist, können Sie am besten selbst entscheiden. Sie werden spüren, wann ein natürlicher Ablauf zu einer nicht mehr ganz sinnvollen Gewohnheit geworden ist. Es ist am Anfang nicht notwendig oder sinnvoll, Ihr Baby *jedes Mal* wach in sein Bett zu legen. Sie können einmal am Tag damit beginnen. Suchen Sie eine Zeit aus, in der Ihnen Ihr Baby sehr müde erscheint. Nach und nach lassen Sie es dann zur Gewohnheit werden. Schläft es zwischendurch noch im Auto oder im Kinderwagen oder beim Trinken ein? Das macht nichts. Wichtiger ist: Ihr Baby kann es *auch* allein. Allmählich schafft es das immer öfter.

Wenn Ihr Kind sich friedlich hinlegen lässt und ihm nach einer Weile einfach die Augen zufallen, ist natürlich alles gar kein Problem. Aber wenn es nun jedes Mal weint und sich nach Leibeskräften gegen das Schlafen wehrt – was dann? Die nun folgenden **Tipps** kommen Ihnen vielleicht teilweise schon bekannt vor, weil sie den Tipps für „Schrei-Babys" ähneln:

- Machen Sie es Ihrem Baby in seinem Bett gemütlich. Bei kleinen Säuglingen kann die Einwickelmethode hilfreich sein – fragen Sie Ihre Hebamme danach. Älteren Babys hilft ein Schlafsack oder z.B. ein von der Mama getragenes T-Shirt, das dem Baby wie ein Schlafsack angezogen und unten zusammen geknotet wird. Legen Sie eine leichte „Schmusewindel" mit ins Bett. Die kann Ihr Baby schon früh selbst finden. Für einige Babys kann der

Kapitel 3: Wie Ihr Kind von Anfang an ein „guter Schläfer" wird

Schnuller hilfreich sein. Diese „Hilfe" kann aber auch nach hinten losgehen: Wenn Ihr Kind jedes Mal weint, sobald es den Schnuller verloren hat, und Sie ihn pausenlos wieder hineinstecken müssen, verursacht er mehr Unruhe als Ruhe und sollte lieber ganz weggelassen werden.

- Bleiben Sie bei Ihrem Baby. Versuchen Sie zuerst, es in seinem Bettchen zu beruhigen – mit ruhigem Zureden und sanftem Streicheln. Weint es weiter? Dann nehmen Sie es kurz auf den Arm und wiegen es behutsam hin und her – aber im Stehen oder im Sitzen. Alles andere wäre zuviel des Guten. Bevor es einschläft, legen Sie es zurück ins Bettchen. Und wenn es dann wieder weint – oder wenn es vielleicht auch auf Ihrem Arm gar nicht damit aufgehört hat? Dann fangen Sie wieder von vorn an. Ob Sie die ganze Zeit bei Ihrem Baby bleiben oder das Zimmer zwischendurch für einige Minuten verlassen wollen, entscheiden Sie am besten nach Ihrem Gefühl.

Auf diese Weise helfen Sie Ihrem Baby, aber es wird von Ihrer Hilfe nicht abhängig. Ihre Hilfe ist so sanft und behutsam, dass Sie sie nach und nach ganz „ausschleichen" können. Kennen Sie den Erziehungs-Grundsatz *„Hilf mir, es selbst zu tun"*? Das Schlafen gehört zu den Dingen, die Ihr Baby selbst tun kann.

Vom 6. Monat bis zum Schulalter

Abend-Rituale

Bei einem Vortrag meldete sich einmal eine Mutter mit folgender Bemerkung zu Wort: *„Ich sehe ein, dass mein Kind nicht an der Brust oder mit Fläschchen, nicht auf meinem Arm und möglichst auch nicht mit mir im Bett einschlafen soll. Aber heißt das nicht, dass ich ihm das Einschlafen so richtig ungemütlich machen muss?"*
Das heißt es natürlich nicht. Im Gegenteil: Es ist besonders wichtig, die letzten Minuten vor dem Schlafengehen harmonisch und gemütlich zu gestalten. Das trifft auch schon für die ersten Lebensmonate zu. Ungefähr ab dem 6. Lebensmonat können Sie ein festes Ritual einführen. Es hilft Ihnen und Ihrem Kind, den Ablauf jeden Abend vorherzusehen.

- Abendessen, Ausziehen, Waschen, Zähneputzen (falls schon Zähne vorhanden sind) – all diese Routine-Tätigkeiten sollten stets in der gleichen Reihenfolge und jeden Abend etwa zur gleichen Zeit stattfinden.
- Wenn alles erledigt ist, kommt der „gemütliche Teil". Nehmen Sie sich ein paar Minuten Zeit, mit Ihrem Kind zusammen den Tag ausklingen zu lassen. Am besten auf eine Art und Weise, die Ihnen beiden gefällt. Je nach Alter können Sie zusammen schmusen, erzählen, spielen, singen, beten, eine Geschichte vorlesen oder ein Bilderbuch betrachten.

Das intensive Zusammensein mit Ihnen erleichtert es Ihrem Kind, den letzten Schritt, nämlich das Einschlafen, allein und ohne Ihre Hilfe zu schaffen. Der positive Kontakt in den letzten Minuten vor dem Schlafengehen bestärkt das Kind in dem Gefühl, bei Ihnen Geborgenheit, Sicherheit und Zuwendung zu finden. Dieses Gefühl ist für Ihr Kind eine wichtige Voraussetzung, sich als eigenständige Persönlichkeit mit Vertrauen in eigene Fähigkeiten zu erleben.
„Meine Eltern haben mich lieb. Sie sind immer für mich da". Mit dieser inne-

ren Einstellung fällt es dem Kind leicht, sich beruhigt in sein Bettchen zu kuscheln. Es braucht nicht ständig Ihre körperliche Nähe als Beweis Ihrer Zuwendung. Um sich bei Ihnen sicher und geborgen zu fühlen, hilft aber vor allem dem älteren Kind die Erfahrung, dass Sie ihm – auch beim Abend-Ritual – Grenzen setzen und sich nicht zum Spielball seiner kindlichen Launen und Forderungen machen lassen.

Ihr Kind wird sofort spüren, wenn Sie unsicher wirken. Es wird dann versuchen, das Abend-Ritual hinauszuzögern, und zum Beispiel um eine zweite und dritte Geschichte kämpfen. Diskussionen und Machtkämpfe kommen aber gar nicht erst auf, wenn der Ablauf des Abend-Rituals immer gleich ist. Dann können Kinder am besten lernen, einen zeitlichen Rahmen – oder die Einschränkung *„Immer nur eine Geschichte"* – zu akzeptieren.

Wie könnte ein sinnvoller „Rahmen" aussehen?

Sie können Ihrem Kind die nächtliche Trennung von Ihnen erleichtern und ihm eine „Einschlaf-Hilfe" anbieten: irgendeinen Gegenstand, der dem Kind von klein auf mit ins Bettchen gegeben wird und fest zum Abend-Ritual gehört. Das kann ein Tuch, eine Mullwindel, eine Puppe, ein Kuscheltier oder – ab dem zweiten Lebensjahr – ein kleines Kissen oder ein Schaffell sein. Es kann auch ein Schnuller sein, wenn das Kind ihn schon allein findet. In jedem Fall hat es „ein Stück zu Hause", auf das es jederzeit selbst zurückgreifen kann und das es auch z.B. auf Reisen in jedes andere Bett mitnehmen kann. Viele Kinder suchen sich selbst so ein „Schmuseobjekt" aus, andere scheinen sich weniger dafür zu interessieren. Die Eltern können aber versuchen, eine Puppe oder ein Kuscheltier mit in das abendliche Spiel oder die Geschichte einzubeziehen und ihr Kind nach und nach daran zu gewöhnen.

- *„Erst zusammen spielen, aber dann allein einschlafen"*: Schon ein Baby ab sechs Monaten kann diese Regel lernen. „Spielen" bedeutet in diesem Alter noch eher schmusen, kuscheln oder singen. Es muss auch nicht lange dauern. Dafür spielt das Baden und Wickeln beim Abend-Ritual noch eine wich-

tige Rolle. Sie können die Zeit dafür etwas ausdehnen, mit Ihrem Kind spielen und schmusen und ihm Ihre ganze Zuneigung zuteil werden lassen.
- Etwa ab einem Jahr werden viele Kinder zugänglich für kleine Bilderbücher, Fingerspiele oder Geschichten. Ab zwei oder drei Jahren ist das Vorlesen sicherlich das beliebteste Abend-Ritual. Bis ins Schulalter hinein genießen viele Kinder die abendliche Geschichte, und für nicht wenige wird sie zum Anstoß, sich später für Bücher und Geschichten zu interessieren und selbst zum begeisterten Leser zu werden.
- Welche Spiele, Geschichten, Lieder oder was auch immer Sie dafür auswählen, können Sie zusammen mit Ihrem Kind am besten selbst nach Ihren Neigungen und Interessen entscheiden. Anregungen können Sie z.B. dem Buch *„Einschlafen, Durchschlafen, Ausschlafen"* von Friedrich/Friebel [8] entnehmen. Es enthält viele Geschichten, Lieder und Verse zum Einschlafen. Geeignet ist alles, was ruhig und dem Alter des Kindes angemessen ist – und Ihnen beiden Spaß macht. Haarsträubend spannende Geschichten oder Kassetten oder wildes Toben auf dem Teppich stimmen das Kind verständlicherweise weniger gut auf das Schlafen ein.
- Viel wichtiger als die Auswahl der „richtigen" Geschichte ist aber die Regelmäßigkeit, sich Abend für Abend noch einmal besonders intensiv Ihrem Kind zu widmen. Auch für Väter (oder Mütter), die abends erst spät nach Hause kommen, ist das eine wunderbare Gelegenheit, den Kontakt zu ihrem Kind zu vertiefen.
- Schulkinder können sich in den letzten 30 bis 60 Minuten vor dem Einschlafen auch schon gut allein in ihrem Zimmer beschäftigen. Die Eltern sollten dann aber genau festlegen, zu welcher Zeit ihr Kind fertig fürs Bett sein soll und wann das Licht ausgemacht wird – und diese Regeln auch durchsetzen: Die gemeinsame Geschichte oder die Beschäftigung im eigenen Zimmer bekommt das Kind nur dann, wenn es rechtzeitig gewaschen und fertig für die Nacht ist.

Erst zusammen spielen, dann allein einschlafen – das klappt natürlich dann am besten, wenn Ihr Kind von Anfang an daran gewöhnt wird. Wenn es bisher zum Einschlafen Ihre Anwesenheit oder ein Fläschchen brauchte und Sie es nun

Kapitel 3: Wie Ihr Kind von Anfang an ein „guter Schläfer" wird

umgewöhnen wollen, nehmen Sie ihm zunächst etwas weg. Das wird ihm nicht gefallen. Aber mit einem harmonischen Abend-Ritual können Sie ihm – und sich selbst – die Umstellung erleichtern.

Wichtig ist, dass Sie Ihr gemeinsames Abend-Ritual mit einem deutlichen Schlusspunkt beenden. Beispielsweise können Sie nach der Geschichte das Buch zuklappen, Ihr Kind ins Bett bringen, zudecken, das Licht ausmachen und nach dem Gutenachtkuss das Zimmer sofort verlassen. Ihr Kind wird dann genau spüren, dass es mit Verzögerungstaktik bei Ihnen nicht landen kann. Bleiben Sie jedoch noch unentschlossen im Zimmer stehen und fragen Ihr Kind womöglich: *„Darf ich jetzt gehen?"*, spürt es sofort Ihre Unsicherheit – und seine eigene Macht. Es spürt: *„Ich kann hier die Regeln bestimmen. Ich brauche nur zu weinen – und Mami tut, was ich will."*

Manchmal fängt es ganz harmlos an. **Markus,** *15 Monate alt, hatte die Angewohnheit, beim Einschlafen Mutters oder Vaters Anwesenheit in seinem Zimmer zu „brauchen". Sie mussten einfach nur da sein und neben seinem Bettchen stehen. Für die Eltern war das – zu Recht – vollkommen in Ordnung, solange Markus innerhalb weniger Minuten einschlief. Doch seit er ein Jahr alt war, dauerte das nach und nach immer länger. In den letzten Wochen hatten Vater oder Mutter täglich abends mindestens eine Stunde lang neben Markus' Bett verbracht. Er hatte gelernt „auf der Hut" zu sein, nach dem Motto: „Ich darf nicht einschlafen, denn dann schleichen sie sich raus."*

Für die Eltern wurde das Abend-Programm zum Albtraum. Spaß machte das tägliche Warten neben dem Kinderbett ihnen nicht, es weckte eher Aggressionen. Von einem intensiven positiven Kontakt zu Markus konnte in dieser Stunde auch nicht die Rede sein. Die Eltern wünschten sich ja nichts sehnlicher, als endlich den Raum verlassen zu können. Markus hat diese Ablehnung sicherlich gespürt. Damit hatte er einen Grund mehr, um die Aufmerksamkeit seiner Eltern zu kämpfen und erst recht wach zu bleiben.

Nach dem Beratungsgespräch wurde das Abend-Ritual geändert. Vater oder Mutter nahmen Markus auf den Schoß, betrachteten mit ihm ein Bilderbuch oder kuschelten mit ihm – nicht länger als zehn Minuten. Dann brachten sie ihn ins Bett und verließen den Raum. Wie viel kostbarer waren diese wenigen gern miteinander verbrachten Minuten für Markus als vorher die ganze Stunde Kampf! Es dauerte fünf Tage lang, bis er regelmäßig problemlos allein einschlief. Der Preis für die wiederhergestellte Harmonie in der Familie: Markus hat insgesamt 15 Minuten lang geweint.

Markus ist kein Einzelfall. Bei **Mona** *(neun Monate alt) dauerte es sogar regelmäßig 2½ Stunden, bis sie einschlief. Ihre Mutter war die ganze Zeit bei ihr im Zimmer, in ständigem Blickkontakt. Zwischendurch hielt sie Händchen, nahm ihr Töchterchen auf den Arm, setzte es zurück ins Bettchen. Das Spiel wiederholte sich mehrmals. Monas Mutter war tagsüber berufstätig. Sie schien diese 2½ Stunden zu genießen. Ihr fiel es ausgesprochen schwer, sich abends von ihrer Tochter zu trennen. Die Oma, von der Mona tagsüber betreut wurde, war es, die ihre Tochter zur Schlafberatung „schleppte".*
Fast widerwillig entschloss sich die Mutter nach dem Beratungsgespräch, Monas Zimmer nach dem Gutenachtkuss zu verlassen. Sie blieb aber an der Tür stehen und beobachtete ihre Tochter bis zum Einschlafen durch den Türspalt. Zu ihrer Verblüffung blieb das erwartete Protestgeschrei aus. Nach fünf Tagen dauerte es nur noch wenige Minuten, bis Mona schlief – als ob sie förmlich darauf gewartet hätte, endlich ihre Ruhe zu haben.

Nicht alle Kinder akzeptieren eine Änderung des Abend-Programms problemlos. Was Sie tun können, wenn Ihr Kind heftig protestiert, das erfahren Sie in Kapitel 5.
Noch ein abschließender **Hinweis:** Die Trennung nach dem Gutenachtkuss fällt vielen Kindern leichter, wenn die Tür einen Spalt breit offen bleibt. Ein Lichtschein und vertraute Geräusche geben Ihrem Kind das Gefühl von Nähe und Verbundenheit zu den Eltern. Wenn es räumlich möglich ist, sollten Sie diesem Wunsch Ihres Kindes ruhig nachgeben. Auch meine eigene dreijährige Tochter verlangte jeden Abend von mir, die Tür bis zum Anschlag aufzumachen: „Mama – Tür auf, bis es knallt!"

Kapitel 3: Wie Ihr Kind von Anfang an ein „guter Schläfer" wird

Schlafen im Elternbett?

Eine befreundete Erzieherin fragte in ihrer Kindergartengruppe kürzlich die drei- bis sechsjährigen Kinder ihrer Gruppe: *„Wer von euch schläft denn schon allein in seinem Bett?"* Von den 25 Kindern meldete sich ein einziges. Alle anderen verbrachten offensichtlich mindestens einen Teil der Nacht im Elternbett.
Auch wenn dieses Verhältnis nicht ganz typisch ist: Im Alter bis zu sechs Jahren ist das Schlafen im Elternbett absolut verbreitet. Nach einer schwedischen Untersuchung [9] schlafen über 50% der Dreijährigen und immerhin noch knapp ein Drittel der Neunjährigen nachts bei ihren Eltern. Was so verbreitet ist, kann doch nicht falsch sein, könnte man meinen. Interessanterweise schlafen die Kinder im Elternbett aber nicht besser als die anderen, die allein in ihrem Bettchen liegen – im Gegenteil.
Kinder im Elternbett schlafen häufiger schlecht ein und wachen nachts öfter auf [10]. Das gilt aber nur für unseren Kulturkreis. In anderen Kulturen ist das „Familienbett" eine Selbstverständlichkeit. Von Schlafstörungen wird dort bei den betroffenen Kindern selten berichtet.
Schlafen im Elternbett – richtig oder falsch? So einfach lässt sich die Frage offenbar nicht beantworten. Sicherlich gibt es gute Gründe für Eltern, ihr Kind gelegentlich mit in ihr Bett zu holen. Dazu einige **Beispiele:**

- Ihr Kind hat hohes Fieber. Die Atmung ist flach, der Puls extrem schnell. Sie wollen sichergehen, dass Sie jede Veränderung seines Zustandes auch mitbekommen.
- Ihr Kind hustet sehr stark und bekommt von Zeit zu Zeit kaum noch Luft. Sie wollen sichergehen, dass Ihr Kind im Notfall rechtzeitig Hilfe bekommt.

Keine Frage: Ein schwer krankes Kind braucht die Nähe seiner Eltern. Das Kind mit ins Bett zu holen, kann die einfachste und sinnvollste Lösung sein. Dasselbe gilt für ein Kind, das nachts offensichtlich vor Angst und in Panik weint. Vielleicht hat es einen schlimmen Albtraum gehabt oder kann belastende Ereignisse des Tages nicht verarbeiten. Vorübergehend kann dem Kind die kör-

perliche Nähe der Eltern helfen. Bei länger andauernden Ängsten ist es jedoch entscheidend, tagsüber die Ursachen der Ängste herauszufinden und anzugehen (mehr dazu im 6. Kapitel).
Für viele Kinder ist das Schlafen im Elternbett jedoch nicht die Ausnahme, sondern die Regel. Ist es für Kinder und Eltern und für die Beziehung untereinander gut?

Folgende **Fragen** können helfen, die Dinge etwas genauer zu betrachten:
- Stört es Sie, wenn Ihr Kind neben Ihnen oder zwischen Ihnen und Ihrem Partner liegt?
- Wird Ihr Schlaf dadurch gestört?
- Wird Ihr Sexualleben dadurch beeinträchtigt?
- Schläft Ihr Kind schlecht ein oder wacht es nachts mehrmals auf?
- Brauchen Sie nachts die körperliche Nähe Ihres Kindes, weil Sie sich z.B. sonst allein fühlen?
- Hat Ihr Partner zum Thema „Kind im Elternbett" eine andere Meinung als Sie?
- Wollen Sie oder Ihr Partner an der Situation etwas ändern?

Haben Sie alle Fragen mit „*Nein*" beantwortet? Dann gibt es wahrscheinlich keine Probleme. Sie haben sich bewusst entschieden, Ihr Kind mit ins Elternbett zu holen und stehen auch dazu. Es wäre nicht sinnvoll, gegen Ihre Überzeugung etwas an der Situation zu ändern.
Haben Sie eine oder mehrere Fragen mit „*Ja*" beantwortet? Dann liegen die Dinge anders. Viele Eltern teilen gegen ihre eigentliche Überzeugung das Bett mit ihrem Kind oder sogar mit mehreren Kindern. Sie haben sich nicht bewusst dafür entschieden, sondern sind eher in diese Situation „hineingeraten". Vielleicht hat sich das Kind nach der Krankheit geweigert, in sein eigenes Bett zurückzukehren. Eine Ausnahme ist zur Gewohnheit und zur Regel geworden.
In manchen Familien wird daraus regelrecht ein „Bäumchen-Wechsel-Dich"-Spiel: Das Kind kommt nachts ins Elternbett. Dort wird es zu eng. Vater zieht um und wacht morgens im Kinderbett auf, Mutter liegt am Rand des Ehebetts,

das Kind liegt quer und nimmt fast die gesamte Breite des Ehebetts ein. Dieses Bild kennzeichnet die Situation sehr gut: Ein kleines Kind hat es mit seiner Willenskraft geschafft, seine erwachsenen Eltern an den Rand zu drängen und ihnen zu zeigen, wer in der Familie die Hauptrolle spielt.

- „Um des lieben Friedens willen" gegen die eigene Überzeugung nachzugeben, führt langfristig nur zu neuen Machtkämpfen. Stehen Sie zu Ihrer Verantwortung, und setzen Sie Ihrem Kind Grenzen. Sie selbst sollten entscheiden, was für Ihre Familie die beste Lösung ist.

Manchmal holen sich Mütter oder Väter ihre Kinder ins Ehebett, weil es ihren eigenen Bedürfnissen entspricht: Manche Ehefrau (und mancher Ehemann) ist vielleicht froh, wenn die Gegenwart des Kindes regelmäßige sexuelle Kontakte verhindert. Mancher Erwachsene – ob alleinerziehend oder wegen häufiger Abwesenheit des Partners – möchte nicht gern allein schlafen und holt sich deshalb das Kind ins Bett, als Partnerersatz.

- Versuchen Sie, Ihre eigenen Gründe herauszufinden. Es ist dem Kind gegenüber nicht fair, es für eigene Zwecke zu benutzen.

Zeit für feste Zeiten

Wenn Ihr Baby sich bisher noch nicht an regelmäßige Schlaf- und Wachzeiten gewöhnt hat, brauchen Sie nun auf keinen Fall länger abzuwarten. Sie können sicher sein: Auch bei Ihrem Baby ist die biologische Reifung soweit abgeschlossen, dass es nachts nichts mehr zu trinken braucht und etwa elf Stunden hintereinander schlafen kann. Was es darüber hinaus noch an Schlaf braucht, holt es sich tagsüber bei seinen regelmäßigen Tagesschläfchen.
Feste Zeiten sind für Ihr Baby jetzt die beste Einschlaf-Hilfe. Ein Kind, das tagsüber und abends immer zur gleichen Zeit schlafen geht, wird nach einigen Wochen genau zu dieser Zeit müde. Seine innere Uhr hat sich darauf eingestellt.

Mahlzeiten zu regelmäßigen Zeiten sind ebenfalls wichtig. Die innere Uhr kann z.B. weniger gut auf „Nachtruhe" umschalten, wenn es mehrmals in der Nacht Unterbrechungen durch Mahlzeiten gibt. Körpertemperatur, Hormonspiegel, körperliche Aktivität – ein regelmäßiges Auf und Ab verschiedener Körperfunktionen macht unsere innere Uhr aus. Der Tagesablauf muss aber mit ihr im Einklang sein, sonst gerät sie aus den Fugen. Schichtarbeiter kennen das. Beim Nachtdienst stellt sich zu den Zeiten, wo sie schlafen und essen könnten, weder Müdigkeit noch Hunger ein. Viele Schichtarbeiter haben deshalb gesundheitliche Probleme.

Bei Babys und Kleinkindern kommt es oft zu Schlafstörungen, wenn die Eltern keinen Rhythmus vorgeben. Statt dessen lassen sie das Kind selbst entscheiden, wann es trinken und schlafen will.

Sicherlich gibt es Kinder, bei denen sich alles von selbst einspielt. Es kann aber auch so ausgehen wie bei dem sechs Monate alten Jan:

> ***Jan*** *war von Anfang an nach Bedarf gestillt worden. Mit sechs Monaten bekam er sechs- bis neunmal die Brust, davon drei- bis fünfmal nachts. Abends wurde er zwischen 18 und 24 Uhr ins Bett gelegt. Zwischen 6.30 und 10 Uhr morgens war er ausgeschlafen. Er hielt ein bis drei Mittagsschläfchen. Insgesamt dauerten sie zwischen einer und sechs (!) Stunden.*
>
> *Jan konnte nachts beim Stillen oft nicht sofort wieder einschlafen. Das war auch kein Wunder. Woher sollte Jan um 2 Uhr nachts wissen, dass es Nacht war und er nicht etwa gerade einen dreistündigen Mittagsschlaf beendet hatte?*
>
> *Der Mutter wurde dieses Durcheinander erst richtig klar, als sie alle Schlaf-, Still- und Schreizeiten zehn Tage lang in ein 24-Stunden-Protokoll eingetragen hatte (Abb. 5).*

Wenn auch bei Ihrem Baby der Rhythmus nicht regelmäßig ist, sollten Sie einige Tage lang seine Zeiten in das am Schluss dieses Buches abgedruckte Schlafprotokoll eintragen – mit dem Ziel, ein regelmäßiges Muster zu erreichen.

Jan hatte mehrere Probleme gleichzeitig. Er schlief an der Brust ein, und er

Kapitel 3: Wie Ihr Kind von Anfang an ein „guter Schläfer" wird

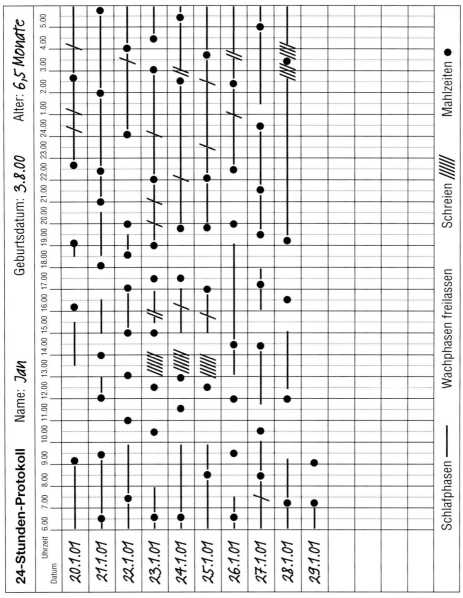

Abbildung 5: Schlafprotokoll von Jan

bekam nachts mehrere Mahlzeiten. Das musste geändert werden. Zuerst aber brauchte er dringend einen regelmäßigen Rhythmus.

Im Alter zwischen sechs und zwölf Monaten sind für fast alle Babys zwei Tagesschläfchen sinnvoll. Jans Mutter fand es am besten, ihn abends gegen 20 Uhr ins Bett zu legen. Von dieser Zeit sollte sie, zumindest in den ersten Wochen, nicht mehr als 30 Minuten abweichen. Daraus ergaben sich folgende **Schlafzeiten:**

- Nachtruhe: 20 bis 7 Uhr
- Vormittags-Schläfchen: 10 bis ca. 11.30 Uhr
- Nachmittags-Schläfchen: 14.30 bis ca. 15.30 Uhr

Sie können als Eltern bestimmen, welche Einschlafzeit abends am besten zu Ihrer Familiensituation passt. Soll Ihr Kind schon um 19 Uhr schlafen, verschieben sich alle Zeiten um eine Stunde nach vorn. Wollen Sie Ihr Kind erst um 21 Uhr hinlegen, werden auch die Tagesschläfchen um eine Stunde nach hinten verschoben.

Es wird einige Tage lang dauern, bis Ihr Kind die festen Zeiten akzeptiert hat. Sie können ihm helfen, wenn Sie folgende Tipps beachten:

- Die meisten Kinder schlafen nachts etwa elf Stunden lang. Soll Ihr Baby um 19 Uhr einschlafen, wird es um 6 Uhr morgens ausgeschlafen sein.
- Vor jedem Schläfchen sollte Ihr Kind mindestens drei Stunden lang wach sein. Die längste Wachphase – mindestens vier Stunden – sollte es abends vor dem Zubettgehen haben.
- Ihr Kind kann sich am besten an den festen Schlaf-Rhythmus gewöhnen, wenn es jedes Mal wach in sein Bettchen gelegt wird.
- Wecken wirkt Wunder! Haben Sie keine Angst, Ihr schlafendes Baby zu wecken, wenn die Schlafzeit beendet ist. Sie helfen ihm damit, sich auf den neuen Rhythmus einzustellen.

- Auch die Mahlzeiten sollten einen festen Platz im Tagesablauf haben. Sie können entscheiden, wann Sie Ihr Kind füttern, ob z.B. vor den Tagesschläfchen oder lieber danach. Wichtig ist nur, dass Sie die einmal gewählte Reihenfolge beibehalten.
- Einige Kinder sind ausgesprochene „Wenig-Schläfer"– ihre Tagesschläfchen sind wesentlich kürzer. Wenn auch Ihr Kind trotz fester Zeiten regelmäßig nach 30 Minuten wieder aufwacht, müssen Sie sich leider damit abfinden.

Manche Mütter fühlen sich durch einen festen zeitlichen Rahmen eingeengt. Häufig fragen sie: *„Und wenn ich mit meinem Kind einkaufen muss oder spazieren gehen will? Dann schläft es mir doch ein, und der ganze Rhythmus ist durcheinander."*
Tatsächlich ist es notwendig, sich zumindest einige Wochen lang dem Rhythmus des Kindes anzupassen. Spaziergänge, Einkäufe und andere Aktivitäten unternehmen Sie besser, wenn Ihr Kind gerade ausgeschlafen ist.
Sicherlich sind die Möglichkeiten für spontane Aktivitäten eingeschränkt, solange Sie auf zwei Schlafzeiten Ihres Babys Rücksicht nehmen müssen. Andererseits können Sie sich nach einigen Tagen darauf verlassen, dass Ihr Baby in seinem Bettchen tatsächlich ein bis zwei Stunden lang friedlich schläft. Diese Zeit können Sie für sich selbst einplanen. Mütter, die monatelang nur einen „20-Minuten-im-Auto- oder -Kinderwagen-Schläfer" gewohnt waren und nie richtig Zeit zum Atemholen hatten, empfinden diese neu gewonnene Freizeit als wertvolles Geschenk. Gerade durch die regelmäßigen Tagesschläfchen holen die meisten Babys, die bisher viel zuwenig Schlaf hatten, auf. Manche schlafen ein bis zwei Stunden mehr als vorher.
Wenn Sie einen wichtigen Termin haben, können Sie den festen Rhythmus natürlich einmal unterbrechen. Ist alles erst einmal eingespielt – also nach zwei bis drei Wochen – dürfen Sie ohne weiteres ab und zu Ausnahmen machen. Auch Wochenendreisen oder ein Kurzurlaub sind dann kein Problem mehr. Innerhalb weniger Tage kann Ihr Baby sich danach wieder an seine „alten Zeiten" gewöhnen.
Besonders Mütter mit einem größeren zweiten Kind, das nur noch einen Mit-

tagsschlaf hält, beklagen sich: *„Vormittags, mittags, nachmittags – immer schläft gerade ein Kind. Ich kann überhaupt nichts unternehmen!"* Verständlicherweise wünschen sie sich so früh wie möglich einen gemeinsamen Mittagsschlaf ihrer Kinder. In diesem Fall können Sie schon ab dem 9. Monat versuchen, Ihr Kind nur einmal am Tag schlafen zu legen.

Normalerweise stellen sich die Kleinen irgendwann zwischen zehn und 18 Monaten von zwei Tagesschläfchen auf einen Mittagsschlaf um. Zur gewohnten Zeit am Vormittag sind sie dann nicht mehr richtig müde. Sie schlafen nicht wie gewohnt schnell ein, sondern spielen und erzählen noch in ihrem Bett. Manche protestieren auch und wollen gar nicht schlafen. Dann ist der richtige Zeitpunkt gekommen, auf einen einzigen Mittagsschlaf umzustellen.

Sie können ihr Kind vormittags einfach 1 bis 1½ Stunden später ins Bett legen – und sind damit bereits in der Mittagszeit angelangt. Das Nachmittagsschläfchen lassen Sie dafür ausfallen. Es ist aber auch möglich, den Übergang etwas sanfter zu gestalten – zum Beispiel zwei Wochen lang zwischen einem und zwei Schläfchen zu wechseln.

Je älter Ihr Kind wird, desto besser kann es sich auf eine Zeit einstellen, die Sie ihm vorgeben. Ob der Mittagsschlaf vor dem Mittagessen oder danach, ob ab 12 Uhr, 13 Uhr oder 14 Uhr stattfindet – Ihr Kind kann sich daran gewöhnen. Sie können selbst entscheiden, welche Zeit für die Bedürfnisse Ihrer Kinder und für Ihre Familie am besten passt. Nur eines ist wichtig: Vor dem Zubettgehen abends sollte Ihr Kind mindestens vier bis fünf Stunden lang wach sein.

Im Alter zwischen zwei und fünf Jahren gewöhnen sich fast alle Kinder den regelmäßigen Mittagsschlaf ab, die meisten im 3. oder 4. Lebensjahr. Manche Kinder würden zwar gern noch mittags schlafen, wären aber dafür bis 22 Uhr abends noch hellwach. Viele Eltern ziehen es dann sicher vor, den Mittagsschlaf zugunsten einer verlängerten Nachtruhe zu streichen.

Kapitel 3: Das Wichtigste in Kürze

Für Babys bis zu sechs Monaten gilt:
- Schon in den ersten Lebenswochen können Sie für Ihr Baby eine späte Abendmahlzeit einführen. Sie wecken Ihr Kind regelmäßig, bevor Sie selbst ins Bett gehen und lassen es ausgiebig trinken. Die Zeit bis zur nächsten Mahlzeit können Sie dann allmählich immer weiter ausdehnen.
- Wenn ihr Baby tagsüber sehr viel schreit, braucht es einen besonders überschaubaren Tagesablauf. Auf zu heftige Beruhigungsversuche sollten Sie verzichten. Geben Sie Ihrem Baby ab und zu für einige Minuten die Chance, sich selbst zu beruhigen.

Vom 6. Monat an gilt:
- Erst zusammen spielen, dann allein einschlafen. Ein dem Alter des Kindes angemessenes harmonisches Abendritual erleichtert das Einschlafen und tut der Beziehung zwischen Eltern und Kind gut.
- Nur unter bestimmten Voraussetzungen ist es sinnvoll, sein Kind mit im Elternbett schlafen zu lassen.
- Feste Zeiten sind für Ihr Kind die beste Einschlaf-Hilfe.
- Bis zum Ende des ersten Lebensjahres brauchen die Kinder noch einen Vormittags- und einen Nachmittagsschlaf. Die längste Wachphase sollte immer abends vor dem Zubettgehen sein.

4
Wie aus schlechten Schlaf-Zeiten gute Schlaf-Zeiten werden

In diesem Kapitel erfahren Sie, …

- was Sie tun können, wenn Ihr Kind sehr früh aufwacht oder sehr spät einschläft
- was Sie tun können, wenn Ihr Kind nachts oft lange Zeit wach ist

Mit spätestens sechs Monaten hat ein Baby einen ausgereiften Schlafrhythmus und kann Tag und Nacht unterscheiden. Leider klappt das nicht immer. Aus unregelmäßigen oder unangemessenen Schlafzeiten kann sich eine echte Schlafstörung entwickeln. Woran können Sie das erkennen?

- Schläft Ihr Kind zur „falschen" Zeit – wacht es also zum Beispiel jeden Morgen um 4.30 Uhr auf oder bekommen Sie es erst gegen Mitternacht ins Bett?
- Braucht Ihr Kind regelmäßig länger als eine halbe Stunde zum Einschlafen?
- Ist Ihr Kind mehrmals pro Woche nachts eine oder mehrere Stunden lang wach?

Wenn Sie einmal oder mehrmals mit „*Ja*" geantwortet haben, hat Ihr Kind einen gestörten Schlafrhythmus. Seine „innere Uhr" tickt nicht richtig. Woran liegt es? Was können Sie tun, damit aus den schlechten Schlaf-Zeiten gute Schlaf-Zeiten werden?

Mein Kind wacht zu früh auf

Wie bei Erwachsenen gibt es tatsächlich auch bei Babys und Kleinkindern die Tendenz zum „Frühaufsteher": Das extrem frühe Aufwachen ist weit verbreitet. Trotzdem braucht man sich nicht ohne weiteres damit abzufinden, wenn der kleine Sprössling regelmäßig morgens um 5 Uhr aufstehen will.

Das wollte aber der kleine **Sebastian***, zehn Monate alt. Um 5 Uhr, spätestens 5.30 Uhr war er hellwach. Zwischen 8 Uhr und 9 Uhr schlief er wieder ein, bis ca. 10 Uhr. Um 12 Uhr machte er seinen Mittagsschlaf. Abends ging er gegen 19 Uhr ins Bett. Bei Sebastian war auffällig, dass sein erstes Schläfchen schon sehr früh stattfand, dicht gefolgt von seinem Mittagsschlaf. Das frühe Wachwerden hatte etwas mit dem ausgiebigen Vormittagsschlaf zu tun!*
Da die Mutter den 12 Uhr-Schlaf – zusammen mit seinem großen Bruder –

Kapitel 4: Wie aus schlechten Schlaf-Zeiten gute Schlaf-Zeiten werden

unbedingt beibehalten wollte, hatte sie nur eine Möglichkeit: ihren Sohn vormittags länger wach zuhalten und ihn nur noch mittags schlafen zu lassen. Die ersten Tage war Sebastian sehr quengelig und übermüdet, dann hatte er sich daran gewöhnt. Es dauerte zwei Wochen, bis er morgens regelmäßig länger schlief.

Was können Eltern von kleinen Frühaufstehern tun?

- Geht Ihr Kind abends – wie Sebastian – schon um 19 Uhr oder noch früher ins Bett? Dann ist es um 5 Uhr oder 6 Uhr wahrscheinlich ausgeschlafen. Verlegen Sie das Abendritual auf einen späteren Zeitpunkt.
- Bekommt Ihr Kind gegen 5 Uhr sofort etwas zu trinken? Möglicherweise hat es in diesem Fall „gelernten Hunger". Zögern Sie die erste Mahlzeit hinaus.
- Hält Ihr Kind – wie Sebastian – vor 9.30 Uhr sein erstes Tagesschläfchen? Verschieben Sie es auf einen späteren Zeitpunkt.
- Muss in Ihrer Familie jemand sehr früh aufstehen? In den frühen Morgenstunden kommen mehrmals normale Wachphasen (s. Kapitel 2) vor. Ihr Kind reagiert wesentlich stärker auf Geräusche als zu Beginn der Nachtruhe. Sein Schlafbedürfnis ist zum größten Teil gestillt. Es fällt ihm schwer, wieder einzuschlafen. Sehr viel können Sie nicht tun – Sie können lediglich versuchen, laute Geräusche zu vermeiden.

Mein Kind schläft zu spät ein

Auch das umgekehrte Problem kommt vor: Die Eltern sind hundemüde und würden gern ins Bett gehen, aber ihr Baby ist bis Mitternacht topfit. Sie haben es mit einer kleinen „Nachteule" zu tun.

*Auch **Barbara**, sechs Monate alt, schlief immer erst zwischen 22 Uhr und 24 Uhr ein. Die Mutter gab ihr zwar regelmäßige Mahlzeiten, überließ ihr aber die Entscheidung über die Schlafzeiten. Barbara entschied: Ich will dreimal am Tag ein Schläfchen halten, eins davon nach 18 Uhr, und abends will ich am liebsten überhaupt nicht ins Bett. Dafür schlafe ich morgens manchmal gern so richtig aus.*
Nach der Beratung führte die Mutter beim Schlafen feste Regeln ein. Barbara kam wach in ihr Bett, und zwar zu folgenden Zeiten: 22-8.30 Uhr, 11.30-13 Uhr und von 16-17 Uhr. Anfangs musste sie fast immer geweckt werden. Täglich wurden alle Zeiten um zehn Minuten nach vorn geschoben, bis die von der Mutter angestrebte Einschlafzeit 21 Uhr erreicht war. Es dauerte ungefähr eine Woche lang.

Ein zu spätes Tagesschläfchen wie bei Barbara führt fast immer zu Problemen beim Ein- und Durchschlafen. Barbara nahm die neuen Schlafzeiten dankbar an. Und sobald sie früher geweckt wurde, konnte sie auch früher einschlafen.

- Wecken Sie Ihr Kind morgens, damit es abends nicht zu lange wach bleibt.
- Vermeiden Sie späte Tagesschläfchen! Vier Stunden lang sollte Ihr Kind mindestens wach sein, bevor Sie es abends ins Bett legen.

Oft werden kleine „Nachteulen" ins Bett gebracht, wenn ihre „innere Uhr" noch gar nicht auf „Schlafen" eingestellt ist. Dann kann es lange dauern, bis sie in den Schlaf finden.

*Erinnern Sie sich an **Markus** und **Mona** aus dem letzten Kapitel? Markus brauchte mindestens eine, Mona sogar 2½ Stunden, bis die Augen endlich*

Kapitel 4: Wie aus schlechten Schlaf-Zeiten gute Schlaf-Zeiten werden

zufielen. Beide waren an ein ungünstiges Abendritual gewöhnt. Beiden half ein neues, besser geeignetes Abendritual. Aber die Eltern taten gleichzeitig noch etwas Wichtiges: Die Zeit, die sie sowieso wach im Bett verbracht hatten, wurde „gestrichen": Markus wurde zunächst eine, Mona sogar zwei Stunden später ins Bett gelegt. Erst nach und nach wurde die Bettzeit wieder vorverlegt. Als die beiden nicht mehr gegen das Einschlafen kämpfen mussten, konnten sie etwas länger schlafen als vorher. Aber anfangs durften sie nicht mehr Zeit im Bett verbringen, als sie in ihrer schlechten Zeit geschlafen hatten: Sie wurden morgens geweckt. So war nach einigen Tagen sicher, dass sie wirklich mit einer auf „Schlafen" gestellten inneren Uhr ins Bett gebracht wurden.

Daraus ergibt sich:

- Wenn Ihr Kind eine halbe Stunde oder länger zum Einschlafen braucht, legen Sie es erst zu dem Zeitpunkt ins Bett, an dem es normalerweise einschläft. Morgens wecken Sie es aber zu seiner gewohnten Zeit, damit es nicht „nachschläft". Erst einmal müssen Sie also eine Verschlechterung in Kauf nehmen: Ihr Kind wird während der ersten Nächte trotzdem nicht sofort einschlafen können und tagsüber entsprechend müde und quengelig sein. Aber auf die Dauer siegt die Müdigkeit. Die Zeit wird kürzer, bis die innere Uhr endgültig „Schlafen" anzeigt, sobald Sie Ihr Kind ins Bett legen.

Das Thema „Ich kann nicht einschlafen" ist besonders bei Kindergartenkindern und Schulkindern verbreitet. Oft gibt es Abend für Abend „Theater": Immer wieder kommt das Kind aus seinem Zimmer, immer wieder fällt ihm etwas Neues ein, die Eltern werden sauer und schimpfen, es gibt Tränen – und alle sind am Ende fix und fertig. Wenn sich das jeweils eine ganze Stunde oder länger hinzieht, können Sie sicher sein: Auch hier „tickt" die innere Uhr Ihres Kindes nicht richtig. Sie ist noch nicht auf „Schlafen" eingestellt. Ihr Kind **will** anscheinend nicht schlafen – das macht Sie wütend. Aber in Wirklichkeit **kann** es noch gar nicht schlafen. Und dafür kann es nichts.

Statt Ihrer Vorwürfe braucht Ihr Kind Ihre Hilfe. Und die könnte so aussehen:

- Reden Sie mit Ihrem Kind: *„Jeden Abend gibt es Theater, weil du nicht einschläfst. Ich glaube, du kannst gar nichts dafür. Du kannst einfach noch nicht einschlafen. Ich mache Dir einen Vorschlag: Du darfst eine ganze Stunde länger aufbleiben. Dafür musst Du aber in deinem Zimmer bleiben. Du kannst lesen oder Kassetten hören – aber nicht rauskommen. Wenn die Stunde um ist, sage ich dir gute Nacht und mache das Licht aus."*
- Sie machen also das Licht erst zu dem Zeitpunkt aus, zu dem Ihr Kind normalerweise einschläft. Es muss sich aber so lange allein in seinem Zimmer beschäftigen – das ist Bedingung. Wenn das Einschlafen so in friedliche Bahnen gelenkt wird und kein „Kampfthema" mehr ist, können Sie die Einschlafzeit vielleicht vorsichtig nach und nach vorverlegen. Wenn Ihr Kind ein „Wenigschläfer" ist, wird es bei der späten Einschlaf-Zeit bleiben. Aber Sie haben eine Lösung gefunden, mit der alle Beteiligten gut leben können.

Kapitel 4: Wie aus schlechten Schlaf-Zeiten gute Schlaf-Zeiten werden

Mein Kind ist nachts stundenlang wach

Wird Ihr Kind nachts fast jede Nacht wach – und bleibt dann lange Zeit wach? Braucht es eine Stunde oder länger, bis es wieder einschlafen kann – selbst wenn Sie versuchen, ihm zu helfen? Dann tickt die „innere Uhr" Ihres Kindes gar nicht mehr richtig. Sie zeigt nicht die ganze Nacht über „Schlafen" an, sondern sie ist fast jede Nacht eine Stunde lang oder noch länger auf „wach" gestellt. Der Schlaf-Wach-Rhythmus Ihres Kindes ist gestört.

*So war es bei der knapp zweijährigen **Jenny**. Sie war drei Monate zu früh zur Welt gekommen und anfangs ein richtiges „Schrei-Baby". Ungestörte Nächte hatte es noch nie gegeben. Nachts war sie immer längere Zeit wach. Zwar verbrachte sie die Zeit von 20 Uhr bis 9 Uhr in ihrem Bettchen, wachte aber fast jede Nacht gegen 1 Uhr auf und hielt dann mehrere Stunden durch: Eine Stunde lang spielte und erzählte sie friedlich vor sich hin. Dann fing sie an zu schreien, bekam Tee, durfte kurz auf den Arm. Dann ging es wieder von vorn los. Erst nach zwei bis drei Stunden konnte sie wieder einschlafen. Mittags schlief sie dagegen drei Stunden lang ohne Probleme.*
Jenny bekam genug Schlaf: nachts zehn bis elf Stunden, tagsüber drei Stunden. Aber sie lag fast jede Nacht drei Stunden lang wach im Bett – zwischen 1 Uhr und 4 Uhr! Das war für die Eltern sehr belastend. Sie mussten nur eines tun: Ihre Tochter wecken. Morgens um 7.30 Uhr und mittags nach zwei Stunden Mittagsschlaf. Jenny schlief nach wenigen Tagen durch. Da sie ihren versäumten Schlaf nun nicht mehr morgens oder mittags nachholen konnte, hatte sie bald begriffen: Die Nacht ist zum Schlafen da!

Kinder wie Jenny verbringen viel mehr Zeit im Bett, als sie schlafen können. Sie liegen wach im Bett und „kriegen die Kurve" zum Einschlafen einfach nicht. Wer kennt dieses Gefühl nicht? Wahrscheinlich ist es für kleine Kinder genauso unangenehm wie für uns Erwachsene. Mit einer sehr einfachen Regel können Sie dieses Problem lösen:

Bettzeit = Schlafzeit

Jenny war nachts 13 Stunden lang im Bett, schlief davon aber nur zehn. Die Bettzeit nachts war drei Stunden länger als die Schlafzeit. Hinzu kam der dreistündige Mittagsschlaf. Auf Tag und Nacht verteilt schlief Jenny also 13 Stunden lang. Und länger durfte sie auf keinen Fall im Bett bleiben! Nachts wurde sie nun nach elf, mittags nach zwei Stunden geweckt: 11 + 2 = 13. Erst als die Bettzeit nicht mehr länger war als die Schlafzeit, konnte Jennys „innere Uhr" sich nachts richtig auf „Schlafen" einstellen.

Vielen Eltern fällt es schwer, ihr friedlich schlummerndes Kind morgens aus dem „Schlaf zu reißen", obwohl es in der Nacht wenig geschlafen hat. Hinzu kommt die eigene Müdigkeit und der sehr verständliche Wunsch, endlich einmal auszuschlafen, besonders am Wochenende. Wenn der Schlafrhythmus jedoch gestört ist wie bei Jenny, gibt es kein besseres Mittel als Wecken. Nach wenigen Wochen ist der neue Rhythmus meist gefestigt, und das Wecken erübrigt sich von selbst.

Manchmal ist allerdings alles noch viel komplizierter:

> ***Nadine*** *war 2½ Jahre alt, als ihre Eltern sehr verzweifelt zur Beratung kamen. Sie hatten schon mehrere Ärzte aufgesucht und ihrer Tochter – ohne Erfolg – sogar Medikamente gegeben. Nadines „innere Uhr" spielte wirklich verrückt. Sie ließ sich gegen 20 Uhr problemlos ins Bett bringen und schlief rasch ein – aber um 21 Uhr war sie wieder wach und wollte aufstehen. Das tat sie auch, denn alle Versuche ihrer Eltern, sie wieder zum Einschlafen zu bringen, scheiterten.*
>
> *Also kam Nadine zu ihren Eltern ins Wohnzimmer, spielte und naschte ein paar Chips. Sie beschäftigte sich meist friedlich, während der Fernseher lief. Abwechselnd mussten Vater oder Mutter todmüde mit ihr vor dem Fernseher ausharren, denn Nadine hatte Stehvermögen. Gegen 0.30 Uhr schlief sie endlich ein – auf der Couch. Dann ließ sie sich ins Bett tragen und schlief durch, bis 8 oder 9 Uhr morgens. Ab und zu hielt sie noch einen einstündigen Mittagsschlaf gegen 12 Uhr.*

Kapitel 4: Wie aus schlechten Schlaf-Zeiten gute Schlaf-Zeiten werden

Was lief hier schief? Nadine war jede Nacht 3½ Stunden lang wach, nachdem sie doch schon eine Stunde gut geschlafen hatte. Das Problem war: Das erste Stück Schlaf von 20 Uhr bis 21 Uhr war in Wirklichkeit Nadines „Mittagsschlaf"! Während der nächsten 3½ Stunden war ihre innere Uhr auf „hellwach" gestellt. Die Nacht fing für Nadine erst nach Mitternacht an – sie hatte sich zur „Nachteule" entwickelt. Als das erkannt war, mussten die Eltern nur noch den Mittagsschlaf auf eine angemessene Zeit vorverlegen und die „Bettzeit = Schlafzeit"-Regel anwenden.

Nadine hatte im Durchschnitt tagsüber und nachts zusammen 10½ Stunden lang geschlafen. Ihr „spätes Mittagsschläfchen" wurde gestrichen, stattdessen wurde sie mittags regelmäßig hingelegt und nach 1½ Stunden geweckt. Anfangs durfte Nadine erst um Mitternacht ins Bett. Nach spätestens neun Stunden wurde sie geweckt. Schrittweise wurde die Bettzeit vorverlegt. Nach vier Tagen waren die Eltern schon bei 21.30 Uhr angelangt. Es gab keinerlei Protest: Nadine schlief durch. Der neue Rhythmus tat ihrem Schlaf gut: Nach einigen Wochen schlief sie ein bis zwei Stunden länger als vorher.

Bei Nadine war es schwerer zu erkennen als bei Jenny, dass sie einen gestörten Schlaf-Rhythmus hatte, denn Nadine schlief insgesamt ziemlich wenig. Nach unseren Erfahrungen fällt es den Eltern von extremen „Wenigschläfern" schwer, unsere „Bettzeit = Schlafzeit"-Regel anzuwenden.

*Für den zweijährigen **Yannick** traf das zu. Er war ein richtiges Wenig-Schlaf-Wunderkind. Mehr als acht oder neun Stunden pro Nacht waren einfach nicht drin. Tagsüber schlief er schon lange nicht mehr. „Bettzeit = Schlafzeit" – das hieß für Yannick: Er durfte auch nur acht bis neun Stunden im Bett verbringen. Die Eltern verständigten sich auf die Zeit 22 Uhr bis 6.30 Uhr. Das war nicht leicht zu akzeptieren – aber immer noch besser, als sich nachts zwischen Mitternacht und 3 oder 4 Uhr morgens mit einem quicklebendigen, wachen Yannick auseinander zu setzen. Immerhin schlief Yannick nun durch – und seine Eltern auch.*

Kapitel 4: Das Wichtigste in Kürze

Wird Ihr Kind morgens früh wach?
- Sie können die Schlafzeiten nach hinten verschieben
- Achten Sie darauf, dass es vor seinem ersten Tagesschläfchen lange genug wachbleibt

Schläft Ihr Kind abends sehr spät ein?
- Sie können es morgens früher wecken
- Vermeiden Sie ein spätes Tagesschläfchen

Ist Ihr Kind nachts längere Zeit wach?
- Beachten Sie die Regel: „Bettzeit = Schlafzeit"

5
Wie „schlechte Schläfer" schlafen lernen können

In diesem Kapitel erfahren Sie, …

- welche Einschlaf-Gewohnheiten besonders ungünstig sind und zu Schlafproblemen führen
- wie Ihr Kind lernen kann, allein einzuschlafen und gut durchzuschlafen
- wie Sie Ihrem Kind nächtliche Mahlzeiten abgewöhnen können
- was Sie tun können, wenn Ihr Kind nicht in seinem Bett bleibt

Ungünstige Einschlaf-Gewohnheiten

Sie haben bisher erfahren, wie der kindliche Schlaf abläuft. Ihnen ist klar: Ihr Kind sollte möglichst zu regelmäßigen Zeiten allein in seinem Bettchen einschlafen. Dann wird es auch nachts wieder allein in den Schlaf finden. Der Zusammenhang leuchtet Ihnen inzwischen ein.

Falls Ihr Baby schon älter als sechs Monate ist und ungünstige Schlafgewohnheiten hat: Vielleicht hatten Sie auch selbst schon das Gefühl, irgend etwas „falsch" zu machen. Nun fragen Sie sich schon seit einiger Zeit: *„Wie soll ich das denn jetzt noch ändern? Mein Kind wach in sein Bettchen legen und allein lassen? Selbst die Zeiten festlegen? Das lässt es sich nicht gefallen! Was soll ich denn tun, wenn es schreit?"*

Unser Ratschlag lautet **nicht:** *„Einfach schreien lassen"*. Sie brauchen aber auch nicht abzuwarten, bis sich das Problem von selbst löst. Denn das kann lange dauern. Vielmehr müssen Sie selbst aktiv werden und etwas tun, was Ihrem Kind nicht sehr gefallen wird. Anders ausgedrückt: Sie werden damit aufhören, genau das zu tun, was Ihr Kind will. Für manche Babys (und Eltern!) mag das eine ganz neue Erfahrung sein.

Fast alle Kinder werden zunächst einmal protestieren. Fast alle Kinder können aber innerhalb von zwei Tagen bis zwei Wochen ihre Gewohnheiten ändern – und durchschlafen, wenn sie von ihren Eltern dabei systematisch und konsequent unterstützt werden.

Im 2. Kapitel wurde bereits gezeigt: Wenn Kinder beim Einschlafen auf die Hilfe ihrer Eltern angewiesen sind, können zwei Probleme daraus entstehen.

Entweder: Das Kind ist „auf der Hut", das Einschlafen verzögert sich.

Oder: Das Kind wird nachts wach mit dem Gefühl, dass ihm etwas fehlt. Allein kann es nicht wieder einschlafen. Daher schreit es so lange, bis seine Eltern die gewohnten Einschlaf-Bedingungen wiederherstellen. Das kann sich mehrmals pro Nacht wiederholen. Das Kind schläft nie oder fast nie durch.

Diese Probleme müssen nicht in jedem Fall entstehen. Wenn Ihr Baby zwar abends regelmäßig nur mit Ihrer Hilfe einschläft, sich aber problemlos in sein

Bettchen legen lässt und bis zum nächsten Morgen friedlich schlummert, besteht natürlich kein Grund, etwas zu verändern. Wenn Ihr Baby aber nachts mehrmals aufwacht und gleichzeitig regelmäßig nur mit Ihrer Hilfe in den Schlaf findet, können Sie davon ausgehen: Ihre „Hilfe" verursacht in Wirklichkeit die Schlafstörung.

Mit Schnuller

*Als **Roberts** Mutter zu uns kam, war sie ziemlich verzweifelt. Auf unserem Stressfragebogen kreuzte sie den höchstmöglichen Wert an: „total erschöpft, fertig mit den Nerven, kann nicht mehr."*
Robert war sechs Monate alt und tagsüber ein strahlendes Bilderbuchbaby. Insgesamt schlief er 15 Stunden lang und lag damit über dem Durchschnitt. Er schlief sogar allein in seinem Bettchen ein. Trotzdem war sein Schlaf gestört. Er brauchte zum Einschlafen einen Schnuller. Abends war das für die Mutter kein Problem. Aber nachts wachte Robert fünf- bis zehnmal auf und schrie, ab 0.30 Uhr stündlich. Die Mutter musste jedes Mal aufstehen, in sein Zimmer gehen und ihm den Schnuller geben. Dann schlief Robert schnell wieder ein. Seine Mami allerdings lag oft noch lange wach in ihrem Bett. Das Gefühl „Gleich ist es wieder soweit, und er schreit" verursachte bei ihr Stress und verhinderte das Einschlafen.
Obwohl Robert allein in seinem Bettchen einschlief, brauchte er nachts regelmäßig die Hilfe seiner Mutter. Den Schnuller konnte er noch nicht selbst in den Mund stecken. Robert ging es gut, aber seine Mutter wusste vor Müdigkeit kaum noch, wie sie den Tag überstehen sollte. In diesem Fall war der Schnuller die einzige ungünstige Einschlaf-Bedingung. Die einzig notwendige Veränderung war deshalb, den Schnuller wegzulassen.

Auf das gewohnheitsmäßige Saugen am Schnuller zu verzichten, fällt den Kindern viel leichter, als die Eltern sich vorstellen können. Wie „süchtig" die Kleinen danach auch zu sein scheinen, nach drei Tagen ist der Schnuller immer vergessen. Auch Robert schlief nach drei Tagen durch bzw. beruhigte sich nach

kurzem Aufweinen rasch selbst. Als „Ersatz" legte ihm seine Mutter ein kleines weiches Tuch ins Bettchen.
Einige Kinder entdecken ihren Daumen, wenn sie keinen Schnuller mehr bekommen. Das scheint jedoch eher die Ausnahme als die Regel zu sein.
Der Schnuller ist meist nicht die einzige Ursache für Schlafstörungen, sondern wird zusätzlich zu anderen „Hilfen" gegeben. Sobald die Kinder ihn selbst finden, etwa ab einem Jahr, kann er ihren (und Ihren!) Schlaf nicht mehr beeinträchtigen – nur noch, wenn er aus dem Bett fällt. Bestes Mittel dagegen ist, gleich mehrere Schnuller ins Bettchen zu legen.

Auf dem Arm

***Felix** war 13 Monate alt, als seine Eltern zur Beratung kamen. Vom 5. bis zum 8. Lebensmonat hatte er durchgeschlafen, doch dann wurde er sehr krank. In dieser Zeit gewöhnten sich seine Eltern an, ihn zum Einschlafen herumzutragen. Auch als Felix längst wieder gesund war, wollte er darauf nicht mehr verzichten. Abends dauerte das Herumtragen 10-15 Minuten, beim Mittagsschlaf sogar eine halbe Stunde. Schlimmer war für die Eltern, dass Felix sie auch nachts fünf- bis sechsmal brauchte: Vor jedem Übergang vom Traumschlaf in den Tiefschlaf wurde Felix wach und weinte. Auf dem Arm schlief er wieder ein, durfte aber keinesfalls zu früh zurück in sein Bettchen gelegt werden.*

Offensichtlich war er „auf der Hut". So nahm das nächtliche Herumtragen bis zu 2 Stunden in Anspruch. Die Eltern wechselten sich nachts ab. Ihre Geduld und ihre Bereitschaft sich aufzuopfern waren bewundernswert. Aber beide waren mit ihren Kräften am Ende. Sie mussten Felix nun zumuten, sich von der Einschlaf-Hilfe „auf dem Arm getragen werden" wieder zu entwöhnen. Felix hatte mehr zu verlieren als Robert. Ihm fiel die Umgewöhnung entsprechend schwer.

Mit den Eltern im Bett

Noch eine weitere „Einschlaf-Hilfe" ist sehr verbreitet: Mutter oder Vater legen sich zum Kind ins Bett, bis es eingeschlafen ist, oder sie holen sich das Kind ins Elternbett. Andere legen sich vor das Kinderbett und halten Händchen. All diese Kinder scheinen die Anwesenheit der Eltern und den Körperkontakt zu „brauchen".
Für die Eltern ist das meist nicht ganz so anstrengend wie das Herumtragen. Manche Kinder haben allerdings noch „Sonderwünsche": Sie wollen mit Mamas Haaren spielen, auf dem Rücken gestreichelt werden oder – wie bei der vierjährigen Lina – mit dem Finger entweder an Mamas Mund oder an Papas Bart entlang streicheln. Wenn diese Kinder nachts aufwachen, kommen sie meist selbst ins Elternbett oder werden von ihren Eltern dorthin geholt – sofern sie nicht ohnehin die ganze Nacht dort verbringen.

> *Etwas anders lief es bei **Larissa**. Larissa hatte immer gut geschlafen, aber mit knapp zwei Jahren hatte sie plötzlich etwas gegen ihr Bettchen und fing an zu schreien, wenn sie nur in seine Nähe kam.*
> *Die Mutter konnte sich die Veränderung nicht erklären. Sie vermutete „Angst" und legte eine zusätzliche Matratze ins Kinderzimmer. Auf dieser Matratze schlief Larissa nun seitdem neben ihrer Mutter ein. Nach 20 Minuten verließ die Mutter das Zimmer. Nachts rief Larissa in der Regel noch zweimal nach ihrer Mami. Mami kam, legte sich zu ihr auf die Matratze und wartete, bis Larissa wieder fest schlief.*
> *Das ging nun seit mehreren Wochen so. Larissas Mutter war hochschwanger und wollte die Situation unbedingt ändern. Da Larissa längst keine Angst mehr hatte und die Anwesenheit ihrer Mutter nicht wirklich „brauchte", war die Umgewöhnung kein großes Problem.*

> *Wie hartnäckig diese Gewohnheit aber auch bestehen bleiben kann, bewies uns **Matthias**. Er war mittlerweile acht Jahre alt. Seine Mutter legte sich immer noch Abend für Abend zu ihm ins Bett, bis er einschlief. Demzufolge kam er auch nachts regelmäßig zu seinen Eltern. Wenn er Glück hatte, merk-*

ten sie nichts, und er schlief in ihrem Bett weiter. Wurde seine Mutter aber wach, fühlte sie sich gestört und trug (!) ihn in sein Bett zurück.

Die Umgewöhnung abends war denkbar einfach. Matthias' Mutter teilte ihrem Sohn fest entschlossen ihre Entscheidung mit, sich zukünftig nicht mehr zu ihm zu legen. Er akzeptierte das. Seitdem kam er nachts nicht mehr zu den Eltern ins Bett.

An der Brust oder mit Fläschchen

Sehr häufig reicht den Kindern die bloße Anwesenheit der Eltern nicht aus. Sie verlangen zusätzlich noch Brust oder Fläschchen. Zwei Möglichkeiten sind denkbar. Entweder trinkt Ihr Kind nachts mehrere Fläschchen Tee oder Saft oder Milch, oder es trinkt mehrmals pro Nacht an der Brust. Es hat sich angewöhnt, nachts hungrig oder durstig zu sein. Sie sollten Ihr Kind dann allmählich von seinen nächtlichen Mahlzeiten entwöhnen. Dieser Sonderfall wird unter der Überschrift „Abgewöhnen nächtlicher Mahlzeiten" besprochen.

Oder: Ihr Kind nuckelt nachts nur an der Brust, statt kräftiger zu saugen, oder es trinkt immer nur einige Schlückchen aus der Flasche. In diesem Fall ist das Saugen die eigentliche „Einschlaf-Hilfe". Hunger oder Durst spielen kaum eine Rolle.

*So war es bei der sechs Monate alten **Sonja**. Sie schlief abends an Mamis Brust ein, wurde nachts zweimal wach und wieder gestillt. Sonja trank nicht viel, sondern nuckelte sich jedes Mal schnell wieder in den Schlaf. Sonja musste lernen, abends und nachts allein einzuschlafen – ohne an der Brust zu nuckeln.*

Komplizierte Einschlaf-Gewohnheiten

Oft verlangen die Kinder zusätzlich zu Brust oder Fläschchen noch weitere Einschlaf-Hilfen.

***Ron** (sieben Monate alt) wurde nachts drei- bis viermal gestillt. Das reichte ihm jedoch nicht aus. Anschließend „musste" ihn die Mutter im Arm halten und singen. Papis Gesang schien ihm weniger gut zu gefallen. Der „musste" seinen Sohn statt dessen nachts herumtragen.*
***Vera** (zehn Monate alt), hatte sich an eine ganze Kette von Einschlaf-Hilfen gewöhnt, die abends und nachts abgespult werden mussten. Sie trank abends im Bett ein Fläschchen. Danach gab ihre Mami ihr den Schnuller und hielt ihr eine Hand über die Augen, bis sie einschlief. Nachts wiederholte sich das Spiel sieben- bis neunmal. Jedes Mal trank Vera auch ein wenig aus dem Fläschchen. Gegen 1 Uhr holten die Eltern sie in ihr Bett, weil sie sich nicht mehr anders beruhigen ließ.*

Alle Kombinationen der bisher genannten Einschlaf-Gewohnheiten sind denkbar. Alle sind ungünstige Einschlaf-Bedingungen. Alle können auf ähnliche Weise verändert werden.

Änderung von Einschlaf-Gewohnheiten

„Einfach" schreien lassen?

Der häufigste Rat, den betroffene Eltern von Bekannten und wohlmeinenden Großmüttern zu hören bekommen ist: *„Lass das Kind doch einfach mal schreien".*
Auch viele Kinderärzte geben diesen Rat (in der Fachsprache ist die Rede von der „Extinktionsmethode"). Sie können ihn auch begründen: Wenn die Eltern ihrem Kind nachts nach jedem Schreien Zuwendung geben (Fläschchen, Tragen usw.), belohnen sie damit das Schreien. Das Kind lernt: *„Wenn ich schreie, bekomme ich meinen Willen".* Bleibt die gewohnte Zuwendung aus, wird das Schreien nicht mehr belohnt. Das Kind macht die Erfahrung, dass sein Schreien offenbar nicht mehr geeignet ist, das erwünschte Ziel zu erreichen. Es stellt das Schreien ein.
In früheren Generationen war dieses Vorgehen der Normalfall. Tatsächlich wurde noch vor 30-40 Jahren kaum von Schlafstörungen bei Kleinkindern berichtet. Auch neuere Untersuchungen belegen, dass die Methode „Schreien lassen" Wirkung zeigt.

Wir empfehlen diese Methode jedoch aus guten Gründen nicht.

Wirksam kann diese Methode nur sein, wenn sie mehrere Tage lang konsequent durchgehalten wird. Das bedeutet: Das Kind schreit jedes Mal so lange, bis es einschläft. Es liegt unter Umständen stundenlang schreiend allein in seinem Bettchen und versteht die Welt nicht mehr. Bisher war es gewohnt, dass bei jedem Schreien sich rasch jemand seiner angenommen hat. Plötzlich wird es erstmals längere Zeit schreiend allein gelassen. Es ist nicht auszuschließen, dass das Kind sich verlassen fühlt und Trennungsangst erlebt. Dies sollte man ihm nicht zumuten.

In ihrer Verzweiflung haben trotzdem schon viele Eltern das „Schreien lassen" probiert und nach kurzer Zeit wieder aufgegeben, weil es nicht geklappt hat. Verständlicherweise können die allermeisten Eltern ihrem schreienden Baby nur über einen begrenzten Zeitraum tatenlos zuhören. Nach 10, 20, 30 oder sogar 60 langen Minuten – in denen sich nicht selten ein Ehestreit über den Sinn dieser Methode abspielt – halten sie es nicht mehr aus. Einer von ihnen geht hin, nimmt das Kind auf den Arm und gibt ihm genau die Einschlaf-Hilfe, die man ihm eigentlich abgewöhnen wollte: Schnuller, Fläschchen – was auch immer.

Bei dieser Vorgehensweise hat das Kind keinesfalls gelernt, allein einzuschlafen. Statt dessen hat es gelernt, lange zu schreien, um seinen Willen zu bekommen. Versuchen es die Eltern auf diese Weise mehrmals und steigern dabei ihre Wartezeit, können sich die Schreizeiten im Extremfall auf zwei bis drei Stunden ausdehnen. Eltern und Kind geht es dann nicht besser, sondern schlechter als vorher.

Der Behandlungsplan:

Wie Ihr Kind lernen kann, allein einzuschlafen und gut durchzuschlafen

Unser Behandlungsplan beruht auf der Methode, die Prof. Richard Ferber in seinem Kinder-Schlafzentrum in Boston (USA) entwickelt hat. Ganz ohne Protest verändern die Kinder auch bei dieser Methode nur selten ihre Gewohnheiten. Ihr Schreien wird jedoch in Grenzen gehalten, denn sie bekommen regelmäßig Zuwendung von ihren Eltern. Sie bekommen aber nicht genau das, was sie mit ihrem Schreien erreichen wollen. Deshalb stellen sie ihr Schreien bald ein.

Die meisten Eltern schaffen es daher, den Plan auch tatsächlich konsequent einzuhalten. Dann – und nur dann – ist es sehr wahrscheinlich, dass ihr Kind schon nach einigen Tagen durchschläft.

Hier der genaue Ablauf des Behandlungsplans:

- Voraussetzung: Ihr Kind sollte mindestens sechs Monate alt und gesund sein.
- Zunächst einmal legen Sie sinnvolle Essens- und Schlafzeiten für Ihr Kind fest. Zu diesen regelmäßigen Zeiten bringen Sie es tagsüber und abends jedes Mal in sein Bettchen. Feste Zeiten sind eine sinnvolle und wirksame Einschlaf-Hilfe. Der Behandlungsplan kann nur dann Erfolg bringen, wenn Ihr Kind zu seinen „Bett-Zeiten" wirklich müde ist.

Kapitel 5: Wie „schlechte Schläfer" schlafen lernen können

- Alle anderen „Hilfen", die Sie Ihrem Kind bisher unmittelbar vor dem Einschlafen gewährt haben – zum Beispiel Tragen, Stillen, Fläschchen – sollten nun deutlich vom Einschlafen getrennt werden und mindestens eine halbe Stunde vorher stattfinden.
- Die letzten Minuten vor dem Zubettgehen verbringen Sie am besten in intensivem Kontakt mit Ihrem Kind bei einem harmonischen Abend-Ritual. Unmittelbar danach legen Sie Ihr Kind wach und allein in sein Bett, verabschieden sich (zum Beispiel mit einem Gutenachtkuss) und verlassen das Zimmer.
- Allein wach im Bettchen zu liegen, ist ein völlig ungewohntes Gefühl. Deshalb fängt Ihr Kind nun wahrscheinlich an zu weinen. Es erwartet, dass Sie die gewohnten Einschlaf-Bedingungen schnell wiederherstellen. Genau das tun Sie jedoch nicht. Statt dessen **gehen Sie nach einem vorher festgelegten Zeitplan vor** und warten zunächst einige Minuten ab, bevor Sie wieder zu Ihrem Kind hineingehen (siehe Zeitplan). Nach unseren Erfahrungen können die meisten Eltern ihrem Kind eine Schreiphase von drei Minuten zumuten. Daher beginnt der hier abgedruckte Plan mit einer dreiminütigen Wartezeit.
- Schauen Sie auf die Uhr. „Nach Gefühl" können Ihnen die wenigen Minuten sehr lang vorkommen. Die Tür des Kinderzimmers kann in dieser Zeit geschlossen bleiben.
- Wenn Ihr Kind noch weint, gehen Sie jedes Mal nach Ablauf der Wartezeit zu ihm hinein und bleiben ein bis zwei Minuten bei ihm. Sie können mit ruhiger, fester Stimme mit ihm reden, es trösten und streicheln. Falls es sich hingestellt hat, legen Sie es wieder zurück. Wenn es dann wieder aufstehen will, legen Sie es hin und gehen kurz wieder raus. Auf keinen Fall sollten Sie es auf den Arm nehmen oder ihm andere „Hilfsmittel" wie Schnuller oder Fläschchen geben. Ihr Kind sollte auch nicht in Ihrer Anwesenheit einschlafen. Sinn der Sache ist vielmehr, ihm zu zeigen: *„Es ist alles in Ordnung. Ich bin da, aber Du musst jetzt lernen, allein einzuschlafen."* Für viele Eltern ist es eine

Hilfe, diese Sätze jedes Mal auszusprechen. Ihr Baby spürt am Klang Ihrer Stimme Ihre Sicherheit und Entschlossenheit und ebenso Ihre Wärme und Zuneigung – auch wenn es den Sinn der Worte noch nicht versteht.

- Manche Kinder reagieren auf die Anwesenheit ihrer Eltern mit noch wütenderem Schreien. In diesem Fall bleiben Sie nur kurz bei Ihrem Kind. Bewährt hat sich die Regel: Je wütender das Kind ist, desto kürzer bleiben Sie da. Gehen Sie trotzdem immer wieder zu ihm hinein, damit es sich nicht alleingelassen fühlt.
- Ob sich Ihr Kind beruhigt hat oder nicht – nach spätestens zwei Minuten verlassen Sie das Zimmer und schauen wieder auf die Uhr. Diesmal warten Sie etwas länger – nach dem Zeitplan fünf Minuten lang – und gehen dann wieder zu Ihrem Kind und überzeugen sich, dass alles in Ordnung ist. Sie gehen genau vor wie oben beschrieben. Wieder verlassen Sie nach ein bis zwei Minuten den Raum und warten ab. Ihre Wartezeit steigern Sie diesmal auf sieben Minuten.
- Falls Ihr Kind noch nicht schläft, gehen Sie von nun an alle sieben Minuten zu ihm, um es zu trösten und ihm zu zeigen, dass Sie da sind – bis es tatsächlich allein in seinem Bettchen einschläft.
- Bei den Tagesschläfchen, abends und bei jedem Aufwachen in der Nacht beginnen Sie am ersten Tag jedes Mal mit einer Wartezeit von drei Minuten und steigern dann bis auf sieben Minuten.
- Am nächsten Tag fangen Sie jedes Mal mit einer fünfminütigen Wartezeit an und steigern bis auf neun Minuten. Diese Zeit behalten Sie wieder bei, bis Ihr Kind allein eingeschlafen ist. Am dritten Tag beginnen Sie bei sieben Minuten und steigern bis auf zehn Minuten. Längere Wartezeiten sollten Sie sich und Ihrem Kind nicht zumuten.
- Gehen Sie nur zu Ihrem Kind hinein, wenn es richtig weint. Bei leisem Jammern oder Quengeln ist die Wahrscheinlichkeit groß, dass es sich von selbst beruhigt. Deshalb ist es sinnvoller, noch abzuwarten.

Kapitel 5: Wie „schlechte Schläfer" schlafen lernen können

	1. Mal	2. Mal	3. Mal	jedes weitere Mal
1. Tag	3 min	5 min	7 min	7 min
2. Tag	5 min	7 min	9 min	9 min
3. Tag	7 min	9 min	10 min	10 min
ab 4. Tag	10 min	10 min	10 min	10 min

Abbildung 6: Wartezeit, bevor Sie zu Ihrem Kind gehen

Bei dieser Vorgehensweise verlernt Ihr Kind sozusagen das Schreien.

Denn statt der erwünschten Einschlaf-Hilfe erreicht es mit dem Schreien nur, dass Vater oder Mutter kurz zu ihm kommen und es trösten. Gleichzeitig ist es müde, da es zu regelmäßigen und sinnvollen Zeiten ins Bett gebracht wird. Deshalb kommt es schnell zu dem Schluss: *„Ich strenge mich an und schreie, und was passiert? Für das bisschen Zuwendung lohnt sich der ganze Aufwand nicht. Da schlafe ich lieber"*. Das Schlaf-Bedürfnis ist auf die Dauer stärker als die Gewohnheit, um die das Kind zunächst kämpft. Die allmähliche Steigerung der Wartezeit hat zur Folge, dass Ihr Kind lernt: *„Länger zu schreien bringt auch nicht mehr. Meine Eltern machen mit mir trotzdem nicht genau das, was ich will."*

Zusätzlich läuft ein weiterer Lernprozess ab: Jedes Mal, wenn Ihr Kind allein einschläft, kommt es dem wichtigsten Ziel ein Stück näher: Es gewöhnt sich an das Gefühl, allein in seinem Bettchen einzuschlafen. Nach und nach wird dieses Gefühl sogar zur Einschlaf-Gewohnheit. Schon nach wenigen Tagen ersetzt es die früheren ungünstigen Einschlaf-Hilfen.

Ihr Kind wird zwar nach wie vor nachts wach.
Es kann nun aber ohne Ihre Hilfe allein wieder einschlafen.

Denn der Zustand *„Allein in meinem Bettchen"* wird nun als normal und in Ordnung eingestuft und löst keinen „Alarm" mehr aus.

- Wenn Ihr Kind tagsüber nach einer Stunde immer noch nicht eingeschlafen ist, holen Sie es aus dem Bettchen und versuchen, es wach zuhalten bis zur nächsten Schlafzeit. Die Zeit des „Wachhaltens" kann anstrengend sein. Ihr Kind ist vielleicht quengelig und schläft möglicherweise sogar beim Spielen ein. In diesem Fall können Sie es ruhig zudecken und eine viertel Stunde schlafen lassen. Immerhin hat es das Einschlafen ohne Ihre Hilfe geschafft.
- Wichtig ist, dass Sie Ihr Kind tagsüber und morgens zu seinen üblichen Zeiten wecken, auch wenn es längere Zeit wach war. Wenn es versäumte Schlafzeiten nachholen kann, spielt sich manchmal ein sehr ungünstiger Schlaf-Rhythmus ein (s. Kapitel 4).

Die ersten beiden Tage bzw. Nächte können für Eltern und Kind schwierig sein. Manche Kinder sind noch nie in ihrem Leben allein in ihrem Bettchen eingeschlafen. Mit welcher Energie sie sich dagegen wehren, hängt von ihrem Temperament und ihrer bisherigen Lernerfahrung ab. Entsprechend reagieren sie sehr unterschiedlich auf den Behandlungsplan.

Einige Kinder weinen nie länger als 15 Minuten und haben sich schon nach zwei bis drei Tagen umgewöhnt. Bei anderen Kindern dauert es beim ersten Mal ein bis zwei Stunden, in seltenen Fällen sogar noch länger, bis sie eingeschlafen sind. In dieser Zeit sind Mutter oder Vater zehnmal oder noch öfter zu ihnen gegangen, um sie zu trösten und ihnen zu zeigen: Wir sind da, es ist alles in Ordnung.

Kapitel 5: Wie „schlechte Schläfer" schlafen lernen können

Wenn die Eltern ganz konsequent nach dem Plan vorgehen, ist nach dem 3. Tag meist eine sehr deutliche Besserung, nicht selten sogar schon die Lösung des Problems erreicht.

Zum Glück lernen Kinder neue Gewohnheiten viel leichter und schneller als Erwachsene. Nur sehr selten dauert es länger als eine Woche, nur in Ausnahmefällen länger als zwei Wochen. Spätestens dann haben die Kinder sich daran gewöhnt, allein einzuschlafen und durchzuschlafen.

Abweichungen vom Behandlungsplan

Die in Abb. 6 angegebenen Wartezeiten haben sich nach unserer Erfahrung bewährt. Die meisten Eltern kommen damit zurecht. Es ist jedoch durchaus möglich, sich **vor** der Behandlung einen anderen Zeitplan zusammenzustellen.

- Vielleicht erscheinen Ihnen die Wartezeiten zu lang. Dann können Sie alle angegebenen Zeiten um zwei Minuten verkürzen. Bei einer Wartezeit von fünf Minuten angekommen, brauchen Sie sie nicht weiter zu steigern. Auch wenn Sie Ihr Kind niemals länger als fünf oder sechs Minuten allein lassen, wird die Behandlung auf Dauer erfolgreich sein.
- Andere Eltern dagegen haben die Wartezeiten etwas länger ausgedehnt, weil ihre Anwesenheit das Kind nicht beruhigt, sondern immer wütender gemacht hat. Auch Prof. Ferber, der diese Methode entwickelt hat, empfiehlt wesentlich längere Wartezeiten.
- Entscheidend für den Erfolg ist nicht, welche Zeiten Sie für sich festlegen. Viel wichtiger ist: Wählen Sie einen Zeitplan, der Ihnen sinnvoll erscheint und den Sie auch durchhalten können. Während der Behandlung sollte er dann nicht mehr verändert werden. Auch wenn Ihnen ein fester Zeitplan willkürlich erscheint – für die Eltern ist es eine große Hilfe, von vornherein genau zu wissen: Was werde ich als nächstes tun? Es gibt Ihnen die Sicherheit, kontrolliert und zielgerichtet zu handeln. Ihr Kind wird diese Sicherheit spüren. Es wird dann wesentlich schneller den Kampf um alte Gewohnhei-

ten – der ja zum Teil ein Machtkampf ist – aufgeben, als wenn es bei Ihnen Hilflosigkeit und Unsicherheit wahrnimmt.
- In der Regel empfehlen wir, von Anfang an tagsüber und nachts nach dem Plan vorzugehen: bei jedem Tagesschläfchen, abends und nach jedem nächtlichen Erwachen. Der Lerneffekt ist sehr gut, weil die Kinder letztendlich jedes Mal allein einschlafen und sich besonders schnell an die neue Situation *„Allein im Bett"* gewöhnen.

Andererseits können und wollen einige Eltern sich und ihrem Kind das Umgewöhnungs-Programm nicht auf Anhieb mehrmals am Tag und auch noch in der Nacht zumuten. In diesem Fall kann eine weitere Änderung des Behandlungsplans sinnvoll sein – und zwar das **Vorgehen in zwei Schritten:**

- Im ersten Schritt lernt Ihr Kind zunächst mit Hilfe des Behandlungsplans, **tagsüber und abends** allein einzuschlafen. Wird es nachts wach, bekommt es noch die gewohnte Einschlaf-Hilfe – sofort, ohne jede Wartezeit. Oft verbessern sich die Nächte dann von selbst.
- Manchmal werden die Kinder aber nachts immer noch regelmäßig wach, obwohl sie tagsüber und abends schon problemlos allein einschlafen können. In einem zweiten Schritt wenden Sie dann den Behandlungsplan auch **nachts** an. Insgesamt dauert es bei diesem Vorgehen natürlich länger, bis Ihr Kind nachts durchschläft.

Kapitel 5: Wie „schlechte Schläfer" schlafen lernen können

Das Schlaf-Protokoll:
Kontrolle des Behandlungs-Erfolgs

Im 3. Kapitel – es ging um feste Zeiten – haben wir Ihnen bereits ein Schlaf-Protokoll vorgestellt. Wenn Sie Ihr Kind nach der beschriebenen Methode auf neue Einschlaf-Gewohnheiten umstellen wollen, kann das Protokoll ebenfalls eine große Hilfe sein. Sie tragen die Schlafzeiten, aber auch die Schrei-Zeiten in den am Schluss dieses Buches abgedruckten Zeitplan ein und können auf diese Weise die Fortschritte genau beobachten.

Veras Schlaf-Protokoll auf der nächsten Seite zeigt einen recht typischen Verlauf. Vor der Behandlung hatte Vera ein sehr kompliziertes Einschlaf-Ritual mit Fläschchen, Nuckeln, Schnuller, Hand-über-die-Augen-Halten und Ins-Ehebett-Holen. Es wiederholte sich sieben- bis neunmal in der Nacht. Vera schlief abends erst nach zwei Stunden ein und war nachts eine Stunde lang wach. Es fehlten ihr mindestens drei Stunden Schlaf.
Vera hatte viel zu verlieren. Die Eltern wussten, dass sie einen besonders starken Willen hatte. Ihnen war klar: Vera würde ihre Gewohnheiten nicht ohne Protest aufgeben. Deshalb warteten sie ab, bis Veras Vater Frühschicht hatte und seine Frau bei der Durchführung des Programms unterstützen konnte. Außerdem entschlossen sich die Eltern, für die nächsten Tage im Wohnzimmer zu schlafen, da Veras Kinderbett aus Platzgründen im Elternschlafzimmer stand. Vera bekam von nun an zum Einschlafen weder Fläschchen noch Schnuller. Die Eltern blieben nicht mehr bis zum Einschlafen bei ihr im Zimmer und holten sie nicht mehr ins Elternbett.
Wie erwartet, war der erste Tag sehr schwierig. Der Mittagsschlaf fiel ganz aus, weil Vera sich fast eine Stunde gegen das Einschlafen wehrte und dann aus dem Bett geholt wurde. Der Rest des Tages war ebenfalls anstrengend, denn Vera war sehr quengelig und übermüdet. Abends schlief sie aber erschöpft ohne Protest in ihrem Bettchen ein.
Nach der üblichen Tiefschlaf-Phase kam dann buchstäblich das „böse Erwachen": Vera stand im Bettchen und schrie sehr wütend. Auf das Hereinkommen und Trösten ihres Vaters reagierte sie regelmäßig mit noch laute-

rem Schreien. Wurde sie zurückgelegt, stellte sie sich anfangs sofort wieder hin. Trotzdem ging ihr Vater immer wieder hinein, um ihr zu sagen: „Wir sind da. Es ist alles in Ordnung." Insgesamt ging er 8mal zu ihr, bis sie endlich schlief. Zuletzt blieb sie in ihrem Bettchen, und es gab längere Pausen zwischen den Schrei-Phasen. Wenn Vera nur leise wimmerte oder ruhig war, wartete ihr Vater ab und ging nicht zu ihr.

Veras Mama lag in dieser Zeit mit Kopfhörer auf dem Sofa und hörte Musik, wie sie vorher mit ihrem Mann vereinbart hatte. Sie war sich nicht sicher gewesen, ob sie diese schwierige Situation sonst durchgehalten hätte.

Die folgenden fünf Stunden schlief Vera durch. Für sie, die vorher ab 23 Uhr immer stündlich wach geworden war, war das schon sehr außergewöhnlich. Um 4 Uhr und dann um 6 Uhr wurde sie nochmals wach, ihr Vater musste aber nur noch jeweils einmal zu ihr gehen. Wie Sie am Schlaf-Protokoll (Abb. 7) erkennen können, gab es schon ab dem 2. Tag beim Mittagsschlaf keinerlei Protest mehr. Die meisten Kinder akzeptieren – wie Vera – Veränderungen tagsüber eher als abends oder nachts. Der 3. Tag zeigt noch eine typische Entwicklung: Vera wurde nachts genau zu ihren früher üblichen Zeiten wach. Sie weinte jedoch nur kurz auf und schlief allein wieder ein, ohne dass jemand zu ihr gegangen war.

Ab dem 5. Tag schlief Vera durch, von gelegentlichem sehr kurzen Aufweinen abgesehen. Ihre Schlafdauer hatte sich von durchschnittlich zehn auf 14 Stunden erhöht. Acht Monate später bei einer Nachuntersuchung zeigte sich, dass die Behandlung auch auf Dauer erfolgreich war. Ohne jedes Problem schlief Vera nun innerhalb von fünf bis zehn Minuten ein, mit einem Kuschelkissen als einziger Einschlaf-Hilfe. Sie schlief nachts elf Stunden durch und mittags zusätzlich zwei Stunden lang.

Welche Probleme können auftreten?

Nicht allen Kindern fällt die Umgewöhnung so schwer wie Vera. Zu Beginn des Kapitels war von Robert die Rede, der immer einen Schnuller „brauchte", und von Larissa, deren Mutter sich zu ihr auf die Matratze legen „musste". Bei-

Kapitel 5: Wie „schlechte Schläfer" schlafen lernen können

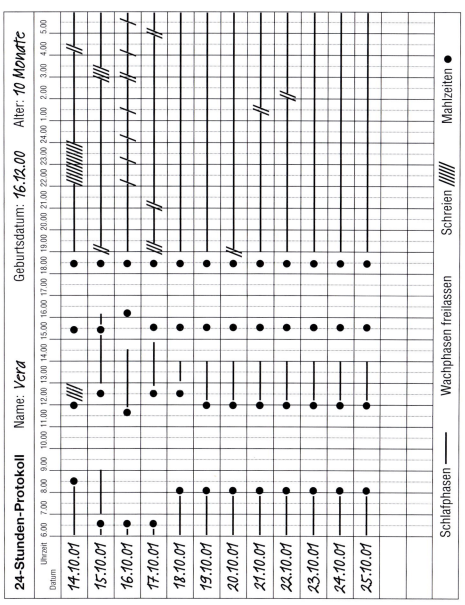

Abbildung 7: Veras Schlafprotokoll

de weinten nie länger als 15 Minuten. Beide schliefen schon nach drei Tagen durch. Wenn die Umstellung so problemlos verläuft, fragen die Eltern sich: *„Das soll alles gewesen sein?"* Sie können kaum fassen, dass mit so geringem Aufwand ein so großer Effekt zu erzielen ist. Leider kann man einen so „glatten" Verlauf weder garantieren noch vorhersehen. Manche Kinder kämpfen wesentlich stärker und halten längere Schreizeiten durch.

Beim kleinen Ron, der vom Stillen, Tragen und Singen entwöhnt werden musste, trat erst am 8. Tag die entscheidende Wende zur Besserung ein. Die elf Monate alte Janina schlief zwar nach relativ kurzer Zeit durch, sie weinte jedoch noch drei Wochen lang immer einige Minuten lang, bevor sie einschlief.

Bei einigen Kindern klappt zwar das Einschlafen abends und das Durchschlafen recht schnell, aber es gibt längere Zeit Probleme mit den Tagesschläfchen. Oder umgekehrt: Tagsüber und abends schläft das Baby nach wenigen Tagen wunderbar, aber nachts wird es auch nach mehreren Wochen immer noch wach. In wenigen Fällen scheint der Behandlungsplan gar nichts zu nützen: Das Baby weint nach einigen Tagen immer noch abends oder nachts längere Zeit. Falls eins der Probleme auf Sie zutrifft, schauen Sie sich am besten das 4. Kapitel noch einmal an. Vielleicht gehört Ihr Kind zu den „Wenigschläfern", oder es hat immer noch einen ungünstigen Schlafrhythmus.

Gute Schlaf-Zeiten sind Bedingung! Bedenken Sie: Die „innere Uhr" Ihres Kindes muss auf „Schlafen" gestellt sein. Zur Erinnerung die wichtigste Regel: **Bettzeit = Schlafzeit!** Wenn Sie nach dem Behandlungsplan vorgehen, obwohl Ihr Kind überhaupt nicht müde ist, kann nichts Gutes dabei herauskommen: Es steht oder liegt im Bett und **kann** gar nicht einschlafen. Wie soll dann das Schlaf-Bedürfnis über eine ungünstige Gewohnheit siegen?

Einige Kinder neigen dazu, zu erbrechen. Die Eltern können es meist vorhersehen, ob durch heftiges Schreien Erbrechen ausgelöst werden kann. Das ist normalerweise kein Hinweis auf eine Störung, obwohl die Eltern verständlicherweise einen Schreck bekommen. Erbrechen kann auch während des Umgewöhnungs-Programms auftreten. Die Eltern sollten dann sofort zu ihrem Kind gehen, alles sauber machen, danach aber mit dem Behandlungs-Programm fortfahren, ohne das Erbrechen zu „belohnen". Sie helfen Ihrem Kind mehr, wenn Sie mit dem – vorhersehbaren – Erbrechen sachlich und ruhig umgehen.

Kapitel 5: Wie „schlechte Schläfer" schlafen lernen können

*So war es auch bei **Felix**, dem seine Eltern das nächtliche Herumtragen abgewöhnen wollten. Nach fünfminütigem Weinen übergab er sich, weitere fünf Minuten später noch einmal. Wie besprochen, zog die Mutter ihren Sohn kommentarlos um und machte sein Bettchen frisch. Dann fuhr sie nach dem Zeitplan fort mit der Methode, im Wechsel zu warten und zu Felix hineinzugehen. Danach kam es nicht mehr zu Erbrechen. Felix schlief nach wenigen Tagen durch.*

Pascal *(zwölf Monate alt) war hartnäckiger. Er hatte bisher die Erfahrung gemacht: „Wenn ich mit Schreien nichts erreiche – Brechen hilft bestimmt." Er konnte das Erbrechen absichtlich herbeiführen, indem er seinen Finger in den Hals steckte. So konnte er jederzeit seinen Willen durchsetzen. Pascal sollte nun von Mutters Anwesenheit im Bett entwöhnt werden. Am ersten Abend war er so wütend, dass er fünfmal hintereinander den Finger in den Hals steckte und erbrach. Beim Mittagsschlaf verfuhr er genauso, und erst am 3. Tag, als Mutter und Beraterin schon sehr schwankend wurden, hörte er damit auf. Nach dem 5. Tag schlief er durch.*
Offensichtlich hatte er sein Erbrechen als Mittel eingesetzt, um seinen Willen zu bekommen. Hätte er damit Erfolg gehabt, wäre die Versuchung groß gewesen, es auch in Zukunft auf diese Weise zu versuchen. Statt dessen machte er die Erfahrung: „Auch wenn ich mich übergebe, kommt Mama nur herein und macht mich sauber. Sie legt sich aber trotzdem nicht zu mir ins Bett." Er schaffte es schließlich, allein in seinem Bett einzuschlafen und fand es nach einigen Tagen völlig normal und gemütlich. Seine Mutter konnte erstmals seit zwölf Monaten abends etwas unternehmen, da sie nun nicht mehr neben ihm liegen musste. Pascal ließ sich nun auch vom Vater oder der Oma ins Bett bringen.

Pascal ist ein Extremfall. Für ihn und seine Mutter war die Umgewöhnung sehr schwierig. Allerdings litt seine Mutter vorher unter sehr starkem Stress. Darunter hatte auch ihr Sohn zu leiden. Das war ihr völlig klar. Es musste sich unbedingt etwas ändern. Nur deshalb schaffte sie es, trotz aller Schwierigkeiten einige Tage konsequent zu bleiben.

In den allermeisten Fällen verläuft die Behandlung nicht so problematisch. Trotzdem sollten die Eltern vorsichtshalber damit rechnen, dass die ersten zwei bis drei Tage für alle Beteiligten schwierig sind.

Hier folgen noch einige Tipps, die den Umgang mit möglichen Schwierigkeiten erleichtern können:

Gehen Sie nur nach dem Behandlungsplan vor, wenn Sie sich ganz sicher sind: *„Ich will unbedingt etwas verändern. So kann es nicht weitergehen!"* Es muss Ihnen ernst sein, die Zeit muss „reif" sein. *„Es stört mich ein bisschen"* – das ist nicht genug. Dafür ist der Preis zu hoch: Mit dem Behandlungsplan muten Sie sich und Ihrem Kind Stress zu. Deshalb brauchen Sie einen guten Grund, ihn anzuwenden. Sie brauchen genug „Leidensdruck". Ein halbherziges „Probieren" kann nicht zum Erfolg führen, wohl aber zu einer Vergrößerung der Schlafprobleme.

- Einigen Sie sich mit Ihrem Partner auf ein gemeinsames Vorgehen. Sie können es nicht schaffen, wenn Ihnen Ihr Partner in den Rücken fällt. Sie können es nur gemeinsam schaffen.
- Wählen Sie einen günstigen Zeitpunkt für den Beginn des Programms. Beginnen Sie mindestens zwei Wochen vor einer Urlaubsreise, weil die neuen Gewohnheiten sonst noch nicht stabil genug sind und durch den Umgebungswechsel der Erfolg gefährdet werden kann. Ein Ortswechsel zu Beginn der Behandlung, z.B. vom Schlafzimmer ins Kinderzimmer, kann dagegen hilfreich sein.
- Vater und Mutter können sich bei der Durchführung des Behandlungsplans abwechseln, allerdings möglichst nicht innerhalb einer Nacht. Es ist sehr wichtig, dass beide an einem Strang ziehen. Entscheiden Sie, wer von Ihnen eher fähig ist, konsequent nach dem Plan vorzugehen. Derjenige sollte möglichst die ersten beiden Tage übernehmen. Lassen Sie sich bei der Entscheidung nicht von kindlichen Vorlieben leiten (*„Ich will Mami"*) – entscheiden Sie selbst.

Kapitel 5: Wie „schlechte Schläfer" schlafen lernen können

- Wenn das Kinderbett aus Platzgründen bei Ihnen im Schlafzimmer steht, gibt es mehrere Möglichkeiten. Viele Eltern entscheiden sich, für einige Tage in einem anderen Zimmer zu schlafen. Sie ziehen dann wieder zurück ins Schlafzimmer, wenn das Kind durchschläft. Andere quartieren ihr Kind im Reisebett eine Zeitlang in ein anderes Zimmer um. Auch das funktioniert in der Regel, obwohl das Kind einen Wechsel der Umgebung verkraften muss. Es ist auch möglich, das Kinderbett im Schlafzimmer umzustellen oder einen Vorhang anzubringen, so dass kein Sichtkontakt mehr besteht. Auch wenn das Kinderbett im Elternschlafzimmer steht, kann der Behandlungsplan durchgeführt werden. Die Eltern brauchen dann einen besonders starken Willen zum Durchhalten.
- Geschwisterkinder im gleichen Raum machen die Behandlung ebenfalls schwieriger. Vielleicht kann das Geschwisterkind für einige Tage umquartiert werden. Ist das nicht möglich, wird das Weinen des einen das andere natürlich wecken. Sie können trotzdem genau nach Plan vorgehen. Von unseren Erfahrungen mit Zwillingspärchen wissen wir, dass die Methode trotzdem funktioniert, auch wenn die Durchführung etwas schwieriger ist.
- Entscheiden Sie in jedem Fall **vor** der Behandlung, wie Sie die Wartezeiten steigern wollen – zum Beispiel von einer auf maximal sechs Minuten oder von drei auf maximal zehn Minuten. Entscheiden Sie auch vorher, ob Sie zunächst nur tagsüber und abends, oder tagsüber und nachts gleichzeitig beginnen wollen.
- Wenn Ihr Kind während des Behandlungsprogramms krank wird, z.B. hohes Fieber oder starke Schmerzen bekommt, müssen Sie das Programm sofort abbrechen. Bei einem kranken Kind geht es nicht um Gewohnheiten. Wenn es Ihrem Kind schlecht geht, braucht es Ihre Hilfe. Die sollen Sie ihm uneingeschränkt geben. Ist Ihr Kind wieder gesund, können Sie einen neuen Anfang wagen. Das gilt auch, wenn Ihr Kind schon einige Zeit gut geschlafen hat und durch eine Krankheit wieder rückfällig geworden ist. Es ist möglich, dass Sie mehrmals immer wieder nach dem Plan vorgehen müssen. Der Lerneffekt wirkt von Mal zu Mal schneller.

Je schwieriger die äußeren Umstände sind, desto mehr ist Ihr Einfallsreichtum gefordert. Eine Mutter zog es zum Beispiel vor zu warten, bis ihr Mann eine Geschäftsreise machte. So konnte sie dann „in Ruhe" allein nach der Methode vorgehen und ihm bei seiner Rückkehr ein problemlos schlafendes Baby präsentieren.

Ein Vater hatte eine besonders ausgefallene Idee: Er übernahm das Zubettbringen – und schloss seine Frau in bestem Einvernehmen jedes Mal so lange ein, bis das Baby eingeschlafen war, damit sie ihm nicht in den Rücken fiel.

Kapitel 5: Wie „schlechte Schläfer" schlafen lernen können

Abgewöhnen nächtlicher Mahlzeiten

Ein Baby abends vor dem Schlafengehen zu stillen oder es mit Fläschchen einschlafen zu lassen, ist sehr verbreitet. Beim Neugeborenen ergibt es sich meist von selbst so. Daher ist es naheliegend, diese Gewohnheit beizubehalten.
Außerdem ist es ein wunderbares Gefühl, zu spüren, wie sich ein Baby beim Trinken auf dem Arm allmählich entspannt, und zu beobachten, wie es sanft und friedlich einschlummert. Wenn es regelmäßig bis zum nächsten Morgen durchschläft, besteht natürlich überhaupt kein Grund zur Veränderung. Wird Ihr Kind jedoch mehrmals nachts wach und kann nur mit Brust oder Fläschchen wieder einschlafen, ist das Trinken eine ungünstige Einschlaf-Bedingung. Es verursacht in dem Fall die Schlafstörung und verhindert, dass das Kind lernen kann durchzuschlafen. Stillen und Fläschchen-Geben sollte deshalb auch tagsüber und abends vom Einschlafen getrennt werden – d.h. immer mindestens eine halbe Stunde vorher stattfinden.
Zusätzlich beeinträchtigt das nächtliche Trinken den kindlichen Schlaf noch auf andere Weise: Viel Flüssigkeit führt zu nassen Windeln. Wenn Ihr Kind nicht nur Tee oder Wasser, sondern Milch oder sogar Milchbrei bekommt, müssen Magen und Darm mitten in der Nacht auf Hochtouren arbeiten. Der Körper kann gar nicht richtig auf „Schlaf" umstellen.

- Nachts braucht ein Baby mit fünf bis sechs Monaten eigentlich keine Mahlzeiten mehr. Trinkt Ihr Baby immer nur wenig (z.B. insgesamt ein kleines Fläschchen, oder es nuckelt nur an der Brust, ohne richtig zu trinken), können Sie sofort die nächtlichen Mahlzeiten weglassen und genau nach dem oben beschriebenen Behandlungsplan vorgehen. Auch wenn Ihr Kind schon älter als zwei Jahre ist und nachts noch mehrere Fläschchen trinkt, können Sie die sofort weglassen. Zwar hat es möglicherweise tatsächlich noch gelernten Durst oder Hunger. Es wird jedoch innerhalb von ein bis drei Tagen seine Ernährungsgewohnheiten umstellen und tagsüber entsprechend mehr trinken, wenn es nachts nichts mehr bekommt.

- Bei jüngeren Kindern, die nachts sehr viel Flüssigkeit oder sehr gehaltvolle Mahlzeiten, z.B. dicken Milchbrei, zu sich nehmen, ist ein allmähliches Abgewöhnen sinnvoller. Innerhalb einer Woche können Sie die Trinkmenge schrittweise auf Null bringen.
- Dabei gehen Sie wie folgt vor: Wenn Sie Ihr Kind stillen, trennen Sie das Stillen abends vom Einschlafen. Schauen Sie nachts beim Stillen auf die Uhr und legen Ihr Baby jedes Mal eine Minute kürzer an. Gleichzeitig vergrößern Sie den Abstand zwischen den Mahlzeiten. Legen Sie jeden Tag vorher fest, wann Ihr Kind frühestens die nächste Mahlzeit bekommt. Sollte Ihr Kind sich schon früher melden oder nach dem Stillen weinen, gehen Sie nach dem Behandlungsplan vor. Zu kurze Stillzeiten, z.B. unter drei Minuten, bringen eher Unruhe und sollten ganz weggelassen werden.
- Trinkt Ihr Kind nachts aus dem Fläschchen, gehen Sie ganz ähnlich vor. Statt die Stillzeiten zu verkürzen, füllen Sie jedes Mal 10-20 ml weniger ins Fläschchen. Bei einer geringen Menge angekommen, lassen Sie das Fläschchen ganz weg. Gleichzeitig wird der Abstand zwischen den Fläschchen täglich vergrößert.
- Einige Mütter behalten eine frühe Morgenmahlzeit zwischen 5 und 6 Uhr noch bei, weil die Kinder danach noch einmal besonders gut schlafen. Wenn sich alle Beteiligten dabei wohl fühlen, spricht auch nichts dagegen. Auf die Dauer schlafen die Kinder ohne diese Morgenmahlzeit jedoch genau so gut.

Nächtliche Trinkgewohnheiten können sich langsam einschleichen.

*Bei **Till** (zehn Monate alt) fing alles ganz harmlos mit einem Fläschchen an. Nach einigen Wochen war Till jedoch bei neun Fläschchen pro Nacht angekommen. Das war mehr als 1 Liter. Er trank alle leer. Mehrmals pro Nacht musste er gewickelt werden.*

*Ein anderes Beispiel: **Andreas** war fast zwei Jahre alt. Bis zum Zeitpunkt der Beratung schlief er immer an Mutters Brust ein. Auch nachts musste er*

Kapitel 5: Wie „schlechte Schläfer" schlafen lernen können

noch drei- bis fünfmal gestillt werden. Die Mutter tat dies weder gern noch freiwillig, sondern mit hilfloser Wut. Jeder Umgewöhnungs-Versuch war mit Schreien oder Erbrechen einhergegangen. Die Mutter fühlte sich erpresst und ausgenutzt. Stillen war für sie nichts Friedliches mehr. Sie nannte es: „Ich schiebe ihm die Brust in den Hals." Weitere Kinder wollte sie nicht haben. „Und wenn noch eins kommt" sagte sie, „werde ich es auf keinen Fall stillen." Dass ihr Sohn auch allein in seinem Bettchen einschlafen würde, konnte sie sich gar nicht vorstellen.

In diesem Fall war die Mutter-Kind-Beziehung bereits belastet. Deshalb war ein etwas behutsameres Vorgehen sinnvoll. Innerhalb von drei Tagen erreichte die Mutter, dass Andreas sich ohne Protest mit ihrer Anwesenheit neben dem Bettchen und Händchenhalten zufrieden gab und ohne Brust einschlief. Für die Mutter war das bereits ein großer Fortschritt.

Ein weiterer Extremfall war **Sabrina** (15 Monate alt). Sabrina war ein „schlechter Esser". Sie nahm stetig zu, aber ihr Gewicht lag an der unteren Grenze des Normalbereichs. Falls Sie zu diesem Thema mehr wissen möchten: Sie finden es in unserem Ratgeber „Jedes Kind kann richtig essen" [11]. Die Eltern hatten irgendwann bemerkt, dass Sabrina ihr Fläschchen am besten im Halbschlaf trank. Sie setzten den Breisauger auf die Flasche und füllten sie mit dickem Milchbrei. Und Sabrina trank jede Nacht bis zu 1 Liter Milchbrei, auf vier bis fünf Flaschen verteilt. Etwa zehnmal wurde Sabrina nachts wach. Der volle Magen störte ihren Schlaf-Rhythmus erheblich. Tagsüber nahm Sabrina fast nichts zu sich. Das Urteil vom „schlechten Esser" bestätigte sich.

Sabrinas Eltern waren nicht zu überzeugen, dass auch ihre Tochter nachts ohne Mahlzeiten auskommen und die Nahrungsaufnahme innerhalb kurzer Zeit auf den Tag verlegen würde. „Sie braucht es doch!" war ihre feste Meinung. Trotzdem verringerten sie nach dem Beratungsgespräch die nächtliche Trinkmenge. Es blieb bei einer 200 ml-Flasche pro Nacht – und bei einem Wachwerden. Damit konnten sie gut leben.

Jedes Kind kann schlafen lernen

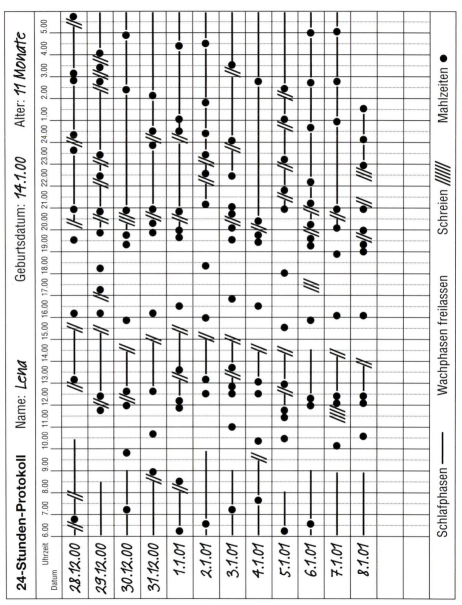

Abbildung 8: Schlafprotokoll vor der Behandlung

Kapitel 5: Wie „schlechte Schläfer" schlafen lernen können

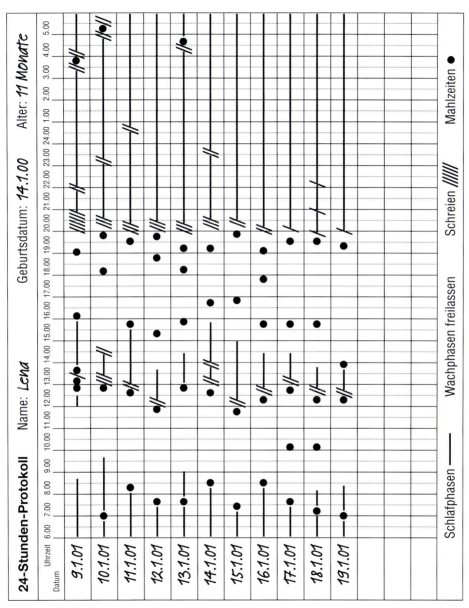

Abbildung 9: Schlafprotokoll während der Behandlung

Am Beispiel der elf Monate alten **Lena** *können Sie verfolgen, wie das Abgewöhnen von mindestens 5 nächtlichen Stillzeiten ablief. Die Mutter hatte den Verlauf der letzten zwölf Tage vor der Beratung im* **Schlaf-Protokoll** *eingetragen (Abb. 8). Sie nahm ihre Tochter zum Stillen immer mit in ihr Bett. Lena schlief die ganze Nacht dort. Ihre Mutter musste sich auch tagsüber und abends dazulegen, weil Lena nur an der Brust einschlief. In der Abbildung sind die Stillzeiten als graue Punkte gekennzeichnet.*

Am Tag der Beratung kam Lena erstmals allein in ihr Bett. Von da ab ist der Verlauf im **2. Schlaf-Protokoll** *festgehalten (Abb. 9). Es dauerte fast eine Stunde lang, bis Lena einschlief. Eine Stunde später wurde sie wach, als ihre Mami nach ihr sehen wollte und sich ins Zimmer schlich. Dieses Mal weinte Lena nur wenige Minuten. Danach hatte sie eine fünfstündige Schlafphase – die längste ihres Lebens.*

Um 4 Uhr wurde Lena sofort nach dem Aufwachen gestillt. Auch am 2. und am 3. Tag wurde sie jeweils einmal gestillt. Sie weinte zwar noch eine Zeitlang abends einige Minuten vor dem Einschlafen, schlief aber, von ganz kurzem Aufweinen abgesehen, seitdem ohne Mahlzeiten durch.

Kapitel 5: Wie "schlechte Schläfer" schlafen lernen können

"Mein Kind bleibt nicht in seinem Bett"

Ob ein Kind bei seinen Eltern im Bett schlafen sollte oder nicht, wurde bereits im 3. Kapitel diskutiert. Wenn Ihr Kind schon allein aus seinem Bettchen herauskommt, kann es zu Ihnen ins Bett kommen und verlangen, dort weiterzuschlafen. Daraus kann eine Einschlaf-Gewohnheit werden. Wenn sich dadurch niemand gestört fühlt, besteht kein Grund zur Veränderung. Wenn Sie aber mit dieser Situation eigentlich nicht mehr glücklich sind oder sogar darunter leiden, bekommt das auch Ihr Kind zu spüren. Sie sollten entscheiden, ob Sie die Verantwortung übernehmen und eine Veränderung in Gang setzen wollen, von der letztendlich alle profitieren.

Zurück ins eigene Bett

*Als **Carolas** Mutter zur Beratung kam, war Carola vier Jahre alt. Bis zum 3. Lebensjahr hatte sie keinerlei Probleme mit dem Schlafen. Sie gehörte zu den "Murmeltieren", schlief eher viel, ging gern in ihr Bett und schlief meistens durch.*

Vor eineinhalb Jahren war sie mit ihrem Vater zusammen zehn Tage im Urlaub. Dort schlief sie bei ihm im Bett. Zu Hause behielt sie diese Angewohnheit bei. Zwar ließ sie sich abends problemlos in ihr eigenes Bett bringen. Nach der ersten Tiefschlafphase – also zwischen 22 und 23 Uhr – wurde sie aber wach und krabbelte ins Ehebett, auf Papas Seite. Er hatte nichts dagegen. Seine Frau fühlte sich jedoch dadurch stark belastet. Die Enge im Bett und die unruhigen Bewegungen ihrer Tochter beeinträchtigten ihren Schlaf. Noch mehr litt sie darunter, dass sie niemals im Schlafzimmer mit ihrem Mann ungestört sein konnte.

Daher versuchte sie seit mehreren Wochen, ihre Tochter nachts in ihr Bett zurückzubringen, ungefähr sechs- bis zehnmal pro Nacht. Jedes Mal kam Carola zurück. Irgendwann gab ihre Mutter auf. Letztendlich eroberte sich

Carola immer den Platz neben ihrem Vater. Die Mutter war frustriert, dass sie es nicht geschafft hatte. Sie war enttäuscht, dass sie bei ihrem Mann keine Unterstützung fand. Das drückte auf ihr Selbstvertrauen und belastete die Ehe. Obwohl Carolas Mutter nervlich bereits sehr angespannt war, schaffte sie es, nach dem Beratungsgespräch eine Veränderung in Gang zu setzen.

Zuerst redete sie sehr ernst und eindringlich mit ihrem Mann. Sie machte ihm klar, wie sehr durch die gegenwärtige Situation sie selbst und ihre Beziehung zu ihm belastet wurde. Er erklärte sich daraufhin bereit, mit ihr an einem Strang zu ziehen. Er übernahm es, Carola immer wieder in ihr Bett zurückzubringen. Carola war sehr beeindruckt. Sie merkte: Diesmal habe ich keine Chance, meine Eltern gegeneinander auszuspielen.

Trotzdem waren die ersten beiden Nächte aufreibend. 20-30mal (!) wurde Carola ruhig, aber bestimmt von ihrem Vater in ihr Bett zurückgebracht. Aber sie schlief jedes Mal letztendlich allein in ihrem Bett ein. Am 3. Tag kam sie noch sechsmal. Nach 14 Tagen hatte sie schon mehrmals ganz durchgeschlafen. Jede zweite Nacht rief sie noch ein- bis zweimal, weil sie ihren Teddy suchte, konnte aber allein wieder einschlafen. Jeden Morgen war sie sehr stolz auf sich, weil sie es geschafft hatte. Sie durfte sich einen Aufkleber aussuchen und ihn auf ein vorbereitetes Blatt heften. Für die ersten fünf Aufkleber bekam sie eine kleine Belohnung. Carolas Mutter erlebte ihre Tochter ausgeruhter und ausgeglichener als vorher. Sie war sehr froh über die neue Situation.

Die Methode „Zurück ins eigene Bett" ist zwar nicht einfach durchzuführen, führt aber fast immer zum Erfolg. Allerdings müssen die Eltern sicher sein, dass ihr Kind aus Gewohnheit zu ihnen kommt und nicht von Angst oder Panik getrieben wird. Zu diesem Thema finden Sie mehr im 6. Kapitel.

Kapitel 5: Wie „schlechte Schläfer" schlafen lernen können

An Carolas Geschichte werden einige wichtige Voraussetzungen für eine erfolgreiche Veränderung von Schlafgewohnheiten deutlich:

- Beide Eltern müssen ganz sicher sein, dass sie an der Situation etwas ändern wollen. Das Kind sollte spüren, dass beide Eltern an einem Strang ziehen, und dass sie es wirklich ernst meinen.
- Der „Umzug" ins eigene Bett sollte nicht als Bestrafung, sondern als Verbesserung der bisherigen Situation dargestellt werden. Eine mögliche Erklärung könnte lauten: *„Papa und ich haben überlegt, dass wir etwas anders machen müssen. Wir haben dich sehr lieb und kuscheln sehr gern mit dir. Aber das Bett ist einfach zu eng für uns drei, und du drehst dich nachts ordentlich hin und her. Ich habe schon seit Wochen schlecht geschlafen und bin immer müde. Manchmal lasse ich meine schlechte Laune dann an dir aus. Deshalb haben wir entschieden: Du wirst von heute an in deinem Bett schlafen. Wenn du nachts kommst, werden wir dich wieder in dein eigenes Bett zurückbringen. Es dauert nicht lange, bis du dich da genau so wohl fühlst, und dann geht es uns allen besser."*
- Die meisten Kinder sind stolz, wenn sie es geschafft haben. Sie empfinden es als ein Stück Eigenständigkeit, wenn sie allein in ihrem Bett auch gut zurechtkommen. Sie fühlen sich „groß". Natürlich freuen sie sich zusätzlich über Lob. Auch eine kleine Anerkennung kann hilfreich sein, z.B. ein Aufkleber für jede im eigenen Bett verbrachte Nacht. Eine vereinbarte Anzahl Aufkleber kann dann später – wie bei Carola – in eine kleine Belohnung umgetauscht werden. Seien Sie aber zurückhaltend mit Belohnungen. Sie sollten nur zusätzlich als Unterstützung eingesetzt werden. Das Versprechen einer noch so attraktiven Belohnung allein hat wohl noch kein Kind dazu bewogen, auf Dauer ins eigene Bett umzuziehen.

Dazu noch eine kleine Geschichte: Auch die Mutter des dreieinhalbjährigen **Tobias** *wollte ihren Sprössling dazu bringen, in seinem eigenen Bett zu schlafen. Sie versprach ihm: „Wenn Du dreimal hintereinander in deinem Bett bleibst, bekommst Du ein ganz tolles Auto." Es klappte. Tobias blieb tatsäch-*

lich in seinem Bett. Er bekam das tolle Auto. In der vierten Nacht jedoch krabbelte er zu seiner Mutter ins Bett mit den Worten: „Mami, das Auto habe ich ja gekriegt. Jetzt will ich wieder bei dir schlafen."

Grenzen setzen: Die „Auszeit"

Manche Eltern kommen mit der Methode „Zurück ins eigene Bett" nicht zurecht. Sie sagen: *„Unser Kind bleibt überhaupt nicht in seinem Bett. Es steht sofort wieder auf und kommt zu uns. Das würde zum Katz-und-Maus-Spiel ausarten."* Andere haben einfach nicht die Kraft und die Geduld, ihr Kind immer wieder zurückzubringen.

Auch diese Familien brauchen einen hilfreichen und wirksamen Rat. Wenn alle anderen Versuche fehlgeschlagen sind, die Harmonie in der Familie aber stark gestört ist, empfehlen wir einen genauen Verhaltensplan. Er ähnelt der im **Behandlungsplan** beschriebenen Methode. Eine entscheidende Rolle spielt aber diesmal die Kinderzimmertür. Durch ihr eigenes Verhalten kontrollieren die Kinder, ob die Tür geöffnet bleibt oder für kurze Zeit geschlossen (nicht abgeschlossen!) wird. Fast alle Kinder möchten lieber, dass die Tür offen bleibt. Das können sie ganz einfach dadurch erreichen, dass sie in ihrem Bettchen bleiben. Die wesentlich unangenehmere Folge – die Tür wird für kurze Zeit zugemacht – tritt bei der anderen Möglichkeit ein: wenn das Kind nicht in seinem Bett bleibt, sondern aufsteht und im Zimmer herumläuft.

Die Methode ist nichts anderes als die in der Fachsprache „time out" genannte „Auszeit", die Sie als Eltern vielleicht schon selbst mit gutem Erfolg bei Ihren Kindern angewandt haben, z.B. in folgenden Situationen:

Ihr Kind hat einen Trotz-Anfall. Es schreit und schlägt um sich, ist nicht ansprechbar, weil es etwas haben will. Oder es tritt, kratzt oder beißt das kleinere Geschwisterkind. Oder es wirft absichtlich mit Essen herum. Fast alle Eltern sind sich einig, dass sie ein solches Verhalten auch bei einem zwei- bis vierjährigen Kind nicht akzeptieren können. Sie wollen ihm klarmachen: *„So geht es nicht. Jetzt hast Du eine Grenze überschritten. Das kann ich nicht zulassen."* Erklärungen und Diskussionen bringen in solchen Situationen gar nichts. Wenn die Eltern dann in ihrer verzweifelten, hilflosen Wut die Kinder anschreien oder sogar schlagen, wissen sie meist selbst: Damit können sie vielleicht ihren Ärger abreagieren. Aber für die Beziehung zu ihrem Kind ist es ganz schlecht, und es hilft auch nicht weiter.

Wenn Sie ihr Kind „einfach" ignorieren, kann das auch keine Lösung sein: Sie überlassen damit Ihrem Kind die Entscheidung und die Verantwortung dafür, welches Verhalten akzeptabel ist. Damit würden Sie es nicht nur überfordern, sondern ihm auch die Botschaft übermitteln: *„Du bist mir gleichgültig"*. Der Kampf um Aufmerksamkeit wird dadurch erst recht angefacht. Ihr Kind wird solange mit dem auffälligen Verhalten fortfahren, bis Sie sich ihm wieder zuwenden. Das Kind zieht daraus den Schluss: *„Ich muss mich besonders auffällig benehmen, damit ich überhaupt beachtet werde."*

- Es bleibt eigentlich nur eine zumutbare Erziehungsmaßnahme: die „Auszeit". Die „Auszeit" bedeutet eine kurzfristige räumliche Trennung zwischen Mutter und Kind. Die Mutter nimmt das Kind, setzt es auf einen Stuhl in der anderen Ecke des Zimmers oder – wenn es noch sehr klein ist – in den Laufstall, z.B. mit den Worten: *„So geht das nicht. Du bleibst jetzt erst mal hier."* Wenn das nicht klappt, wird das Kind in ein anderes Zimmer gebracht. Es kann das Nachbarzimmer sein oder auch das Kinderzimmer. In der Regel wird eine Tür dazwischen zugemacht und notfalls auch zugehalten.
- Entscheidend ist dabei, dass diese Auszeit nur sehr kurz sein darf. Nach ca. einer Minute öffnen Sie die Tür und machen Ihrem Kind ein Friedensangebot: *„Ist es jetzt wieder gut?"* Nur, wenn es mit seinem inakzeptablen Verhalten unvermindert oder verstärkt fortfährt, wird die Tür für weitere ein bis zwei Minuten geschlossen.
- Viele Kinder beruhigen sich sehr schnell. Andere „flippen" regelrecht aus und trommeln mit Fäusten oder Gegenständen gegen die Tür. Die Wartezeit, bis Sie wieder zu Ihrem Kind hineingehen, können Sie bis auf wenige Minuten steigern. Nie sollte die „Auszeit" in Minuten länger sein, als das Alter Ihres Kindes in Jahren:
2 Jahre = höchstens 2 Minuten, 4 Jahre = höchstens 4 Minuten.

- Sie wollen Ihr Kind ja nicht bestrafen, sondern ihm durch die räumliche Trennung eine Grenze setzen. Dieser Zustand ist für Ihr Kind zwar nicht angenehm, kann ihm aber keinen psychischen Schaden zufügen. Sobald Ihr Kind Ansätze zeigt, sich aus eigener Kraft zu beruhigen, können Sie es loben und unterstützen. Ihr Kind hat die Wahl: Durch sein eigenes Verhalten kann es sehr schnell wieder einen positiven Kontakt zu Ihnen herstellen. Durch inakzeptables Verhalten bewirkt es jedoch nur eine Verlängerung der unangenehmen räumlichen Trennung.

Wir haben die Methode der „Auszeit" deshalb so ausführlich erläutert, weil auch beim Zubettgehen zwischen Eltern und Kindern oft Machtkämpfe ausgetragen werden. Mehr zu den Themen „Auszeit" und „Grenzen Setzen" finden Sie in dem Buch *Jedes Kind kann Regeln lernen* [12]. Auch das Verhalten des Kindes am Abend oder in der Nacht kann inakzeptabel oder provokativ sein. Das Kind zögert dann nur deshalb das Abendritual immer weiter hinaus und landet nur deshalb regelmäßig im Elternbett, weil es im Machtkampf Sieger bleibt und die Eltern das „Grenzen Setzen" resigniert aufgegeben haben. Dann, und nur dann, empfehlen wir den Eltern, nach dem nun folgenden Plan vorzugehen.
Wird Ihr Kind jedoch von Ängsten, Albträumen oder Schmerzen gequält, würde ein Vorgehen nach dem Plan seine Beschwerden noch verschlimmern. Es braucht dann Ihre volle Unterstützung und vielleicht auch einen Platz in Ihrem Bett. Wenn Sie nicht sicher sind, wo die Ursachen liegen, reden Sie mit Ihrem Kinderarzt oder einem anderen vertrauenswürdigen Experten darüber.

Tür auf – Tür zu

Auch der folgende Plan wurde ursprünglich von Prof. Ferber entwickelt. Wir haben ihn allerdings in einem sehr wichtigen Punkt verändert: In unserem Plan (Abb. 10) bleibt die Tür nie länger als drei Minuten lang geschlossen, während Ferber eine „Auszeit" von bis zu 30 Minuten (!) empfiehlt.

Kapitel 5: Wie „schlechte Schläfer" schlafen lernen können

	1. Mal Tür zu	2. Mal Tür zu	3. Mal Tür zu	4. Mal Tür zu	jedes weitere Mal
1. Tag	1 min	2 min	3 min	3 min	3 min
2. Tag	2 min	3 min	3 min	3 min	3 min
ab 3. Tag	3 min	3 min	3 min	3 min	3 min

Abbildung 10: Anzahl der Minuten, während der die Zimmertür geschlossen bleibt, falls Ihr Kind nicht in seinem Bett bleibt

Die genaue Vorgehensweise:

- Erklären Sie zunächst Ihrem Kind, dass es von nun an in seinem Bett schlafen wird. Begründen Sie auch kurz, warum Sie es für erforderlich halten. Vielleicht kann es Ihre Gründe noch nicht einsehen – das wäre wohl auch zuviel verlangt. Ihr Kind darf aber auf keinen Fall das Gefühl haben, bestraft oder zurückgewiesen zu werden. Es sollte sich Ihrer Zuwendung und Unterstützung immer sicher sein. An der Art und Weise, wie Sie mit Ihrem Kind reden, spürt es sehr deutlich: Meinen Sie es wirklich ernst – oder könnte ein Machtkampf erfolgversprechend sein?
- Sie bringen Ihr Kind nach dem üblichen Abendritual ins Bett. Sie können die Tür geöffnet lassen mit den Worten *„Bleib' bitte in deinem Bett, dann bleibt die Tür offen."*
- Sollte Ihr Kind sofort aus dem Bett herauskommen, bringen Sie es wieder zurück. Diesmal schließen Sie die Tür. Sie bleiben an der Tür stehen und warten die oben angegebene Zeit ab, bis Sie wieder zu Ihrem Kind hineingehen. Halten Sie die Zeit ein, auch wenn Ihr Kind schon vorher zurück in sein Bett geht. Sie können aber durch die Tür mit dem Kind sprechen und ihm sagen, wann Sie die Tür wieder öffnen werden.
- Wenn Sie bei einer Wartezeit von drei Minuten angekommen sind, bleiben Sie dabei, bis das Kind endgültig in seinem Bett liegen bleibt.

- Wenn Sie nach dem Zeitplan die Tür öffnen und das Kind in seinem Bett ist, reden Sie kurz mit ihm. Sie können es loben und liebkosen. Wenn Sie den Raum verlassen, bleibt in diesem Fall die Tür offen. Ist Ihr Kind aber nicht in seinem Bett, bringen Sie es dorthin zurück (aber nicht mit Gewalt!), schließen die Tür, bleiben an der Tür stehen und warten die in dem Plan angegebene Zeit ab. Jedes Mal erklären Sie: *„Bleibst du im Bett, bleibt die Tür offen."* Wenn sich Ihr Kind leicht ins Bett bringen lässt und Sie sicher sind, dass es auch dort bleibt, können Sie die Tür auch direkt geöffnet lassen. Wenn das aber nicht geklappt hat, machen Sie den gleichen Fehler lieber nicht noch einmal.
- Statt der geschlossenen Tür können Sie auch ein Gitter benutzen, über das das Kind nicht klettern kann. Bleiben Sie dann während der Wartezeit außer Sichtweite.
- Vermeiden Sie in jedem Fall Drohungen und Schimpfen. Das Kind sollte spüren, dass Sie ihm helfen wollen, eine schwierige Zeit durchzustehen. Es braucht Unterstützung, nicht Strafe.
- Bei älteren Kindern, etwa ab drei Jahren, können Sie die Motivation durch einen Belohnungsplan erhöhen. Beispielsweise können Sie dem Kind für jedes Im-Bett-Bleiben eine kleine Belohnung geben. Eine andere Möglichkeit wäre, dass das Kind auf diese Weise Punkte sammeln kann (z.B. gemalte Sternchen oder Aufkleber), die es später gegen eine etwas größere Belohnung eintauschen darf.

Zusammenfassung: Das Kind kontrolliert durch sein Verhalten selbst, was geschieht. Bleibt es im Bett, bleibt die Tür offen. Steht es auf, bleibt die Tür für kurze Zeit zu. Kinder begreifen diesen Zusammenhang sehr schnell. Wenn Sie konsequent bleiben, bleibt Ihr Kind mit großer Wahrscheinlichkeit nach wenigen Tagen in seinem Bett.

Kapitel 5: Wie „schlechte Schläfer" schlafen lernen können

Die Geschichte der dreijährigen Lina zeigt Ihnen, wie die beschriebene Vorgehensweise in der Praxis aussehen kann:

__Linas__ Vater musste sich abends mit in ihr Bett legen und 30-60 Minuten warten, bis sie eingeschlafen war. Nachts kam sie ins Elternbett und verbrachte dort drei bis acht Stunden. Sie schlief aber sehr unruhig und war bis zu eineinhalb Stunden wach. Beim Einschlafen spielte sie an Mamis Mund oder an Papis Bart – was beide eher unangenehm fanden. Linas Eltern waren besonders liebevoll und engagiert. Aber allmählich fühlten sie sich ärgerlich und hilflos, weil sie diese Situation einfach nicht in den Griff bekamen. Linas Mutter war sich sicher: Unsere Tochter hat keine Ängste. Sie kann sich unserer Liebe und Fürsorge sicher sein. Aber sie hat beim Abendritual und nachts bisher immer ihren Willen durchgesetzt. Aus ihrer Sicht bestand bisher kein Grund, ihre Gewohnheiten aufzugeben.

Linas Mutter entschied sich für den Verhaltensplan mit der „Tür-auf-Tür-zu-Methode". Sie erklärte ihn in aller Ausführlichkeit der Oma. Lina stand dabei und hörte zu. Sie hörte aber auch Omas Kommentar: „Bist du sicher, dass du das deinem Kind zumuten willst?". Und sie hörte Mutters Antwort: „Ja. So, wie es jetzt ist, kann es nicht weitergehen. Ich muss etwas tun, und eine bessere Lösung als diese weiß ich nicht."

Vom ersten Tag an akzeptierte Lina ohne jede Auseinandersetzung, dass sie allein in ihrem Bett einschlafen sollte. In der ersten Nacht schlief sie sogar durch. Während der nächsten Nächte wurde sie jeweils einmal zurückgebracht ins eigene Bett. Die Tür musste nie länger als insgesamt fünf Minuten geschlossen bleiben. Zwei Wochen später kam Lina noch ab und zu, meist unbemerkt, ins Elternbett. Während der meisten Nächte blieb sie aber im eigenen Bett und war sehr stolz darauf. Die Entschiedenheit ihrer Mama – von der Oma auf die Probe gestellt – hatte sie offensichtlich sehr beeindruckt. Sie hat bewirkt, dass der befürchtete Machtkampf so gut wie gar nicht stattfand.

Eigene Lösungen

Nicht für alle Eltern und Kinder kommt die „Tür-auf-Tür-zu-Methode" in Frage. Wenden Sie sie niemals gegen Ihre eigene Überzeugung an! Es gibt auch andere Wege, die zum Erfolg führen. Sie erfordern etwas mehr Kraft und Geduld von den Eltern, und Fortschritte werden langsamer sichtbar.

Vielleicht gehören Sie zu den Eltern, die noch über gute Nerven und viel Geduld verfügen. Oder Sie vermuten, bei Ihrem Kind könnten doch Ängste oder Probleme eine Rolle spielen. Oder Ihr Kind hat eine schwere Krankheit hinter sich gebracht. Gleichzeitig sind Sie sicher: Es wäre für die ganze Familie besser, wenn das Kind nachts in seinem Bett bleibt. Dann können Sie vielleicht eigene, kreative Lösungen finden, wie Sie dieses allmählich erreichen können.

Der sechsjährige **Christian** *z.B. war zwei Jahre lang schwer krank gewesen. Zahlreiche Krankenhausaufenthalte wechselten mit Zeiten, in denen er zu Hause war. Er musste dort fast rund um die Uhr beobachtet werden und brauchte auch nachts Medikamente. Während dieser Zeit gab es nur eine Lösung: Er schlief bei seinen Eltern im Bett. Die Eltern nahmen die durchwachten Nächte gern in Kauf, denn sie wussten: Unser Sohn braucht jetzt unsere Nähe. Wir können ihm auf diese Weise helfen.*

Christian wurde wieder gesund. Er brauchte keine Medikamente mehr und konnte seinem Alter entsprechend eingeschult werden. Die Eltern wollten ihn allmählich wieder an ein normales Leben heranführen. Sie fanden es für seine Entwicklung wichtig, dass er mehr Eigenständigkeit und Selbstvertrauen entwickelte. Dazu gehörte ihrer Meinung nach auch, dass er wieder in seinem eigenen Bett schlafen sollte. Er wollte selbst gern, traute es sich aber nicht so recht zu.

Zusammen mit Christian und seiner Mutter fanden wir die folgende Lösung: Christian wurde abends in sein eigenes Bett gebracht. Nach der ausführlichen Gutenacht-Geschichte blieb die Mutter in seinem Zimmer sitzen, bis er eingeschlafen war. Sie nahm sich eine Leselampe und etwas zu lesen mit. So konnte sie die Zeit auch für sich nutzen. Wenn Christian nachts wach wur-

Kapitel 5: Wie „schlechte Schläfer" schlafen lernen können

de, versuchte er erst einmal, allein wieder einzuschlafen. Klappte es nicht, weckte er seine Mutter. Sie brachte ihn zurück ins Bett, blieb aber wieder wortlos auf dem Stuhl in seinem Zimmer sitzen, bis er eingeschlafen war. Das konnte zwei- bis dreimal pro Nacht passieren und bis zu 45 Minuten lang dauern. Denn Christian wusste ja: Wenn ich einschlafe, geht Mami raus. Der Mutter war dieser Zusammenhang klar. Wichtiger war ihr aber, ihrem Sohn zu zeigen: „Ich bleibe hier, solange du mich brauchst." Jeden Tag rückte sie ihren Stuhl ein kleines Stück weiter weg vom Bett. Falls Christian zwischendurch aufgestanden wäre oder angefangen hätte zu quengeln oder zu diskutieren, hätte sie den Raum für kurze Zeit verlassen. Dazu kam es jedoch nicht. Nach einer Woche sagte Christian zum ersten Mal: „Mama, du kannst jetzt gehen."

Es dauerte fast vier Wochen, bis sie es geschafft hatten. Christian schlief nun allein ein und blieb meist in seinem Bett. Wenn er Angst hatte oder von einem Albtraum geweckt worden war, durfte er zu seinen Eltern ins Bett kommen. Es kam recht selten vor.

Christian bekam einige Wochen lang für jede allein im Bett verbrachte Nacht eine kleine Belohnung. Das machte ihm Spaß und erhöhte seine Motivation. Christian war sehr stolz auf sich. Seine Mutter hatte in diesen Wochen noch einmal viel Kraft und Geduld investiert. Sie spürte aber, dass es für ihren Sohn gut war, und sie hielt durch. Der Erfolg stärkte ihr Selbstvertrauen.

Noch ein Beispiel für eine kreative Lösung: Die Mutter des dreijährigen Benjamin setzte eine von mir halb scherzhaft geäußerte Empfehlung mit Erfolg in die Tat um. Die Empfehlung lautete: *„Wenn Ihr Kind ohnehin immer im Elternbett schläft, bauen Sie doch das Kinderbett ganz ab und verbannen es in den Keller mit den Worten ‚Dein Bett brauchst du ja nicht. So hast du mehr Platz zum Spielen.' Das Kind* **muss** *nun in Ihrem Bett schlafen, es hat keine Wahl mehr."*

Jedes Kind findet in der Regel alles besonders interessant, was es gerade nicht hat. Daher ist es nicht ganz unwahrscheinlich, dass es nach einiger Zeit den Wunsch äußert, wieder ein eigenes Bett zu bekommen. Wenn der Wunsch vom Kind selbst kommt, brauchen Sie keinen Druck auszuüben. Benjamins Mutter hat das Problem auf diese elegante Art und Weise in den Griff bekommen. Eine Erfolgsgarantie gibt es für diese Methode allerdings nicht.

Kapitel 5: Wie „schlechte Schläfer" schlafen lernen können

Einwände und Bedenken

Wenn wir in Vorträgen oder Einzelgesprächen unsere Behandlungsmethode vorstellen, gibt es in der Regel drei verschiedene Reaktionen.
Die mit Abstand größte Gruppe von Eltern ist froh, konkrete und erfolgversprechende Hinweise zu bekommen. Der beschriebene Zusammenhang zwischen Gewohnheiten und Schlafstörungen leuchtet ihnen ein. Sie sind bereit, sich und ihrem Kind für kurze Zeit ein gewisses Maß an Stress zuzumuten, damit sich auf lange Sicht die Situation für alle erheblich verbessert.
Es gibt eine zweite, zum Glück recht kleine Gruppe von Eltern. Meist sind die Betroffenen die Mütter. Sie sind von monatelangem Schlafentzug, vom extrem häufigen Aufstehen, Fläschchenmachen, Stillen usw., von extrem langen Schreizeiten ihrer Babys sehr erschöpft und gestresst. Von ihnen hören wir: *„Bitte, sagen Sie mir, was ich tun soll – egal was. Schlimmer kann es nicht werden."* Sie würden in ihrer Verzweiflung fast jeden Rat annehmen. Da sie mit den Nerven schon ziemlich am Ende sind, ist für sie schnell wirksame Hilfe besonders wichtig.
Die dritte Gruppe von Eltern äußert ernstzunehmende Bedenken: *„Darf ich bei meinem Kind den 'Willen brechen'? Kann ich sicher sein, dass ich ihm keinen seelischen Schaden zufüge? Kann ich sicher sein, dass die Beziehung zwischen mir und meinem Kind nicht belastet wird? Kann das Urvertrauen zerstört werden, wenn ich mein Kind nicht jedes Mal sofort beruhige?"*
Diese Ängste und Bedenken sind sehr verständlich. Aber bedenken Sie:

- **Was passiert, wenn alles so bleibt, wie es ist?**
  Wenn die Gewohnheiten Ihres Kindes sich nicht verändern?
  Wenn es bei jedem Weinen sofort seinen Willen bekommt, damit es aufhört zu weinen – und sei es fünfmal jede Nacht?
  Was haben die schlaflosen Nächte für einen Einfluss auf Ihre Gefühle Ihrem Kind gegenüber?
  Sind Sie sicher, dass die Beziehung zwischen Ihnen und Ihrem Kind nicht belastet wird?
  Wird Ihre Ehe durch die gegenwärtige Situation belastet?

- **Was würde sich ändern, wenn Sie alle durchschlafen könnten?**
  Würde es nur Ihnen besser gehen – oder auch Ihrem Kind?

Manche Mütter empfinden kaum Stress, obwohl ihr Kind sie viele Monate lang jede Nacht mehrmals weckt. Warum sollten sie an ihrer Situation etwas ändern, wenn sie sich damit gut und ausgeglichen fühlen und sich dem Kind jederzeit freudig zuwenden können? Wenn in diesem Fall die Bedenken der Eltern überwiegen, raten wir von einem Behandlungs-Programm ab.
Oft stellt sich aber heraus, dass bei Müttern und Vätern sehr wohl ein Leidensdruck da ist. Hilflosigkeit und Überforderung der Eltern lösen Gefühle gegenüber dem Kind aus. Eine sehr schwerwiegende Folge sind Depressionen bei der jungen Mutter. Manchmal werden auch aggressive Gefühle ausgelöst. Es ist schwer, sich solche Gefühle einzugestehen. Manche Eltern machen sich Luft durch „spaßig" gemeinte Äußerungen wie: *„Ich würde ihn am liebsten zur Adoption freigeben!"* oder: *„Ich könnte sie an die Wand klatschen!"*. Manche Eltern haben Schuldgefühle und ein schlechtes Gewissen, weil sie ihr Baby oder Kleinkind in ihrer Hilflosigkeit und Überforderung schon einmal kräftig geschüttelt oder sogar geschlagen haben.
Solche Reaktionen sind bedauerlich. Aber sie sind menschlich. Und vor allem sind sie Realität. Diesen Eltern helfen Ratschläge mit erhobenem Zeigefinger überhaupt nicht weiter, Ratschläge, die mit *„Du darfst niemals"* beginnen, aber nicht aufzeigen, wie denn die Probleme statt dessen gelöst werden können. Solche „Ratschläge" können Schuldgefühle verursachen und dazu beitragen, dass sich Eltern noch unsicherer fühlen. Ihr Kind braucht aber nicht nur Ihre Liebe und Zuwendung, sondern auch Ihre Sicherheit. Verzweifeltes Nachgeben der Eltern kann nicht besser sein als liebevolles, bestimmtes Grenzen-Setzen. Nach unserer Überzeugung kommt es nicht zu Trennungsangst bei Ihrem Kind, wenn Sie immer nach wenigen Minuten zu ihm gehen und mit liebevoller, fester Stimme mit ihm reden. Sie lassen Ihr Kind nicht im Stich. Sie helfen ihm dabei, etwas zu tun, was es tun kann: ungestört zu schlafen.
Verzweifeltes Nachgeben oder gegen die eigene Überzeugung tun, was das Kind will – das bringt zwar kurzfristig Ruhe und Erleichterung. Aber es hat seinen Preis.

Kapitel 5: Wie „schlechte Schläfer" schlafen lernen können

Dazu ein Beispiel: Jeder kennt den „klassischen" Konflikt: Mutter und Kind sind im Supermarkt. Das Kind will Schokolade. Die Mutter findet das nicht angebracht und sagt *„Nein"*. Daraufhin schreit das Kind. Es wirft sich vielleicht sogar auf den Boden. Nun hat die Mutter zwei Möglichkeiten.

Die erste: Sie kauft ihm Schokolade. Dann ist das Kind sofort ruhig. Der Konflikt ist „gelöst". Aber nur bis zum nächsten Einkauf im Supermarkt, denn das Kind wird beim nächsten Mal wieder schreien. Sein Schreien wurde schließlich mit Schokolade belohnt. Es wäre sozusagen dumm, das Schreien beim nächsten Mal sein zu lassen.

Die andere Möglichkeit: Die Mutter bleibt konsequent bei ihrem *„Nein"*. Die kurzfristige Folge: Das Kind schreit noch lauter. Die Situation ist sehr unangenehm und bedeutet Stress. Einige Anwesende schauen missbilligend herüber. Auf ihren Gesichtern steht geschrieben: *„Aha, ein schreiendes Kind. Also eine unfähige Mutter"*. Die Mutter steht es durch – schweißgebadet, aber äußerlich ruhig. Beim nächsten Mal oder spätestens beim übernächsten Mal wird ihr Kind aber nicht mehr schreien. Es hat gelernt: *„Schreien bringt nichts. Meine Mami weiß, was für mich gut ist. Ich brauche es gar nicht zu versuchen"*.

Die Mutter muss kurzfristigen Stress in Kauf nehmen, um langfristig eine Lösung des Problems zu erreichen. Kaum jemand würde dieser Mutter vorwerfen, sie habe „den Willen ihres Kindes gebrochen". Viele Einschlaf-Gewohnheiten sind wie Schokolade. Auf die Dauer kann es nicht sinnvoll sein, den Kindern zu überlassen, wie viel sie wann davon haben wollen.

Selbstvertrauen und Sicherheit der Eltern sind wichtige Voraussetzungen für ein gutes Gedeihen der Kinder. Die meisten Eltern sind sehr wohl in der Lage, verantwortungsbewusst mit den Bedürfnissen ihres Kindes umzugehen. Sie spüren, wann ihr Kind wirklich etwas braucht – und wann ein Grenzen-Setzen angemessen ist. Ängstliche und kranke Kinder brauchen allerdings besondere Zuwendung. In den beiden folgenden Kapiteln erfahren Sie mehr darüber.

Kapitel 5: Das Wichtigste in Kürze

- **Ungünstige Einschlaf-Gewohnheiten können Schlafprobleme verursachen**
  Viele Kinder schlafen regelmäßig mit Schnuller, auf dem Arm, mit den Eltern im Bett, an der Brust oder mit dem Fläschchen ein. All diese Einschlaf-Gewohnheiten können zu Schlafproblemen führen. Denn sie verhindern, dass das Kind lernen kann, allein einzuschlafen.

- **Allein einschlafen lernen nach Plan**
  Nach unserem Plan lernt Ihr Kind mit Ihrer Hilfe, allein einzuschlafen. Sie legen Ihr Kind wach und allein in sein Bettchen. Falls es schreit, gehen Sie nach einem festen Zeitplan immer wieder zu ihm, damit es keine Angst bekommt. Sie geben ihm aber nicht genau, was es will. Sein Schreien zahlt sich nicht aus. Deshalb hört es rasch damit auf. Das Allein-Einschlafen ist zur Einschlaf-Gewohnheit geworden. Und vor allem: Es klappt auch nachts. Ihr Baby braucht Sie nicht mehr zu wecken.

- **Tür auf – Tür zu:
  Ihr Kind lernt durch sein eigenes Verhalten**
  Wenn Ihr Kind vor dem Einschlafen nicht in seinem Bett bleibt, sondern aufsteht und sein Zimmer verlässt, wenden Sie die „Tür auf-Tür zu"-Methode an. Das Kind kontrolliert durch sein Verhalten, was geschieht. Bleibt es in seinem Bett, bleibt die Tür offen. Steht es auf, wird die Tür für kurze Zeit geschlossen.

6
Schlafstörungen, die nichts mit Einschlaf-Gewohnheiten zu tun haben

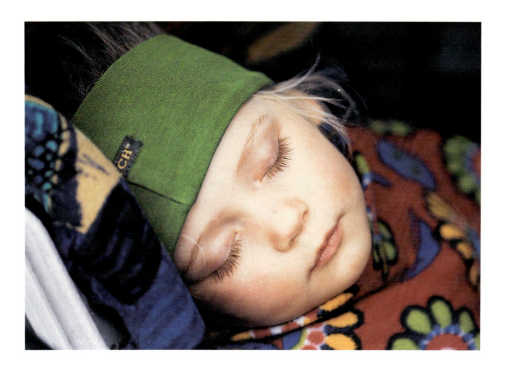

Dieses Kapitel erläutert, …

- wie Sie Schlafwandeln und Nachtschreck bei Ihrem Kind erkennen – und wie Sie damit umgehen können
- wie Sie mit nächtlichen Ängsten und Albträumen ihres Kindes umgehen können
- wie Sie Albträume und Nachtschreck voneinander unterscheiden können

In den meisten Fällen hängen die kindlichen Schlafstörungen mit Einschlaf-Gewohnheiten zusammen. Ursachen und Behandlungsmöglichkeiten haben wir eingehend in den vorhergehenden Kapiteln besprochen. Viel seltener sind Schlafstörungen mit anderen Ursachen. Sie erfordern entsprechend andere Reaktionen der Eltern.

Schlafwandeln und Nachtschreck: Unvollständiges Erwachen aus dem Tiefschlaf

Im 2. Kapitel (Abb. 4) können Sie nachschlagen, wie der Schlaf eines mindestens sechs Monate alten Kindes in etwa abläuft. Wir haben dort bereits kurz erläutert: Innerhalb der ersten drei Stunden nach dem Einschlafen kommt es bei allen Kindern ein- bis zweimal zu unvollständigem Erwachen aus dem Tiefschlaf. In der Abbildung (in unserem Beispiel um 21.30 Uhr und 22.30 Uhr) ist dieser Zustand durch Pfeile gekennzeichnet. Bei den meisten Kindern verläuft dies völlig unauffällig. Sie drehen sich vielleicht auf die andere Seite, öffnen kurz die Augen oder murmeln etwas Unverständliches, schlafen aber danach sofort weiter. Das Zurückfallen in den Tiefschlaf gelingt ihnen ohne Probleme.
Zeichnet man mit Hilfe eines EEG die Hirnströme auf, kann man genau beobachten: Beim Auftauchen aus dem Tiefschlaf tritt plötzlich eine Veränderung ein. Wachzustand, Traumschlaf und Tiefschlaf – alle Schlafmuster sind für kurze Zeit miteinander vermischt. Danach wird dieser Mischzustand zwischen Schlafen und Wachen wieder vom Tiefschlaf abgelöst.
Bei ungefähr 10% der Kinder unter sechs Jahren klappt dieser Wechsel nicht ganz reibungslos. Statt schnell in den Tiefschlaf zurückzufallen, bleiben sie manchmal längere Zeit in dem Zustand, gleichzeitig wach zu sein und zu schlafen. Verständlicherweise verhalten sie sich in diesem Mischzustand recht merkwürdig. Eine ganze Stufenleiter von auffälligem Verhalten – vom Sprechen im

Kapitel 6:
Schlafstörungen, die nichts mit Einschlaf-Gewohnheiten zu tun haben

Schlaf bis zum sogenannten Nachtschreck – ist denkbar. Sprechen im Schlaf passiert nicht im Traum, sondern beim unvollständigen Erwachen aus dem Tiefschlaf. Es wird noch am ehesten als harmlos empfunden. Schlafwandeln und Nachtschreck können die Eltern jedoch stark beunruhigen. Je häufiger und je extremer das auffällige Verhalten auftritt, desto mehr Sorgen machen sich die Eltern um ihr Kind.

Alle auf den folgenden Seiten beschriebenen Verhaltensweisen haben etwas gemeinsam: Bei Kindern unter 6 Jahren gibt es in der Regel keine psychischen Ursachen dafür. Die Kinder haben meistens weder Ängste noch andere tiefgreifende Probleme. Vielmehr ist der Reifungsprozess des Gehirns noch nicht ganz abgeschlossen. Deshalb klappt der Ablauf „Tiefschlaf – unvollständiges Erwachen – Tiefschlaf" nicht völlig reibungslos. Wenn der Reifungsprozess bei ihnen erst später abgeschlossen ist als bei den meisten anderen Kindern, hat dies vor allem mit vererbten Anlagen zu tun. Falls Ihr Kind von Schlafwandeln oder Nachtschreck betroffen ist, werden Sie sehr wahrscheinlich in der Familie Verwandte finden, die als Kind ähnliche Probleme hatten.

Schlafwandeln

Beim „ruhigen Schlafwandeln" steht das Kind auf und „geistert" im Zimmer oder in der Wohnung herum. Ein Beispiel dafür ist der völlig schlaftrunkene, unbewusste Gang zur Toilette.

> ***Christoph,*** *unser damals sechsjähriger Sohn, verwechselte einmal nachts die Türen von Bad und Schlafzimmer. Im Schlafzimmer lag auf einem Hocker sein Kassettenrecorder. Im Schlaf machte Christoph den Deckel des Recorders auf, entleerte seine Blase in diese Öffnung, klappte den Deckel wieder zu und ging zurück ins Bett. Am nächstem Morgen konnte er sich an nichts erinnern und stritt alles ab.*

Übrigens: Auch das Bettnässen, soweit es innerhalb der ersten ein bis drei Stunden nach dem Einschlafen passiert, hängt eng mit dem unvollständigen Erwachen aus dem Tiefschlaf zusammen.

Ein anderes Beispiel: Eines Morgens war Christoph nicht in seinem Bett. Wir bekamen einen großen Schreck, zumal ausgerechnet in dieser Nacht die Haustür nicht abgeschlossen war. Zum Glück fanden wir ihn im Dachzimmer vor dem Sofa kniend – und fest schlafend.

Es ist möglich, dass Kinder beim ruhigen Schlafwandeln Türen und Fenster öffnen oder sogar über den Balkon klettern. Der Ausdruck „schlafwandlerische Sicherheit" führt leider in die Irre. Diese Kinder sind in Gefahr. Sie führen zwar scheinbar sinnvolle und zielgerichtete Bewegungen aus. Aber sie wissen nicht, was sie tun. Denn gleichzeitig schlafen sie.

Wenn Ihr Kind schlafwandelt, sollten Sie vor allem eines tun: Fenster und Türen so sichern, dass es sich nicht in Gefahr begeben und verletzen kann. Manche schlafwandelnden Kinder sind ansprechbar und lassen sich ohne Widerstand zurück ins Bett bringen.

Nachtschreck

Mit dem Schlafwandeln eng verwandt, jedoch wesentlich besorgniserregender ist der Nachtschreck, in der Fachsprache „Pavor nocturnus" genannt: Das Kind fängt ein bis vier Stunden nach dem Einschlafen plötzlich an, gellend und durchdringend zu schreien. Im schlimmsten Fall schlägt oder tritt es zusätzlich um sich. Meist lässt es sich kaum anfassen, erst recht nicht beruhigen. Sein Blick geht ins Leere, es scheint Sie nicht zu erkennen. Vielleicht steht es auf und läuft herum, als ob es vor etwas wegrennen wollte. Vielleicht schwitzt das Kind, und sein Herz schlägt heftig.
So eine Attacke kann sehr kurz sein, aber auch bis zu 20 oder sogar 30 Minuten dauern. So plötzlich, wie sie begonnen hat, ist sie auch wieder vorbei. Auf

Kapitel 6:
Schlafstörungen, die nichts mit Einschlaf-Gewohnheiten zu tun haben

einmal entspannt sich das Kind, lässt sich ins Bett bringen und schläft friedlich weiter. Wie beim ruhigen Schlafwandeln kann es sich am nächsten Tag an nichts erinnern.

Auch bei Kleinkindern kann es zu Nachtschreck-Attacken kommen.

Marc z.B. war 15 Monate alt. Seine Eltern waren mit seiner Entwicklung sehr zufrieden. Er schlief abends um 20 Uhr nach dem Gutenachtlied in seinem Bett ein und wachte erst um 7.30 Uhr wieder auf. Die Eltern waren sehr glücklich über ihr ausgeglichenes Kind. Etwas beunruhigte sie aber doch: Zwei- bis dreimal in der Woche gegen 22 Uhr, kurz bevor sie selbst ins Bett gehen wollten, wurden sie erschreckt durch gellende Schreie aus dem Kinderzimmer. Sie eilten sofort zu ihrem Söhnchen und fanden es dort im Gitterbett stehend. Marc schrie jedes Mal so durchdringend, dass sie ihn sofort hochnahmen, um ihn zu beruhigen. Er schrie jedoch weiter. Er schmiegte sich nicht an, sondern wehrte sich. Abwesend schaute er an ihnen vorbei, ohne sie richtig wahrzunehmen. Schließlich versuchten sie ihn durch Rütteln und Rufen zu wecken. Was sie auch taten, es dauerte 10-15 Minuten, manchmal auch länger, bis Marc sich beruhigte. Wurde er dann wach, schaute er sie verwirrt und verstört an und brauchte einige Zeit, bis er wieder einschlafen konnte.
Die Eltern versuchten sich Marcs „Ängste" zu erklären. Es wurde nach aufregenden Ereignissen gesucht oder anderen Erlebnissen, die als Ursache für die nächtlichen Schrei-Attacken in Frage kamen.
Wir klärten Marcs Eltern auf, dass Marcs Schrei-Attacken weniger mit besonderen Ereignissen oder Problemen zu tun hatten. Marc gehörte zu den Kindern, die manchmal etwas länger im Zwischenstadium zwischen Schlafen und Wachsein bleiben, bevor sie wieder in den Tiefschlaf fallen. Marc verhielt sich merkwürdig. Er empfand jedoch keine echte Angst. Er brauchte auch keinen Trost. Hätte er Angst gehabt, wäre sie nicht jedes Mal von einem Augenblick zum nächsten von selbst verschwunden. Hätte er Trost gebraucht, hätte er sich an seine Eltern gekuschelt, statt sich zu wehren.

Wir konnten Marcs Eltern versichern: Trotz des gellenden Schreiens war Marc weder in Angst, noch in Panik. Er war einfach nicht wach. Das Beste, was sie für ihren Sohn tun konnten – und nach der Beratung auch taten – war, Marc zu beobachten und abzuwarten. Wurde der erste vorsichtige Beruhigungsversuch abgewiesen, zogen sich die Eltern zur Kinderzimmertür zurück und schauten durch den Türspalt. Zu ihrem Erstaunen beruhigte sich Marc ohne ihre „Hilfe" wesentlich schneller. Sie weckten ihn nicht mehr, sondern betteten ihn in eine bequeme Lage und deckten ihn zu, sobald er von selbst ruhiger wurde.

So wurden Marcs Schrei-Attacken kürzer und im Laufe der Zeit auch seltener. Im Alter von drei Jahren traten sie nur noch gelegentlich auf. Die Eltern konnten nun wesentlich gelassener reagieren, weil sie wussten: Unser Sohn hat nichts Schlimmes. Mit der Zeit wird das ungewöhnliche Verhalten von selbst verschwinden.

Ein zweites Beispiel: **Oliver** *war drei Jahre alt. Er machte sich fast jede zweite Nacht gegen 22 Uhr durch plötzliches lautes Schreien bemerkbar. Manchmal lief er auch durchs Zimmer und murmelte etwas Unverständliches. Die Eltern konnten nur Bruchstücke verstehen, wie „Sie kommen!" oder „Da ist er!". Besonders beunruhigt waren sie, weil er sie nicht erkannte und ihnen „wie besessen" erschien. Auch sie versuchten ihn zu wecken. Es war sehr schwierig. Am nächsten Morgen fragten sie ihn, wovor er denn nachts Angst gehabt habe. Aber Oliver konnte sich an nichts erinnern. Er schaute sie nur verständnislos an.*

Seine Eltern bekamen den Rat, ihn niemals am nächsten Morgen auf sein nächtliches Schreien anzusprechen. Durch häufige besorgte Fragen der Eltern können Kinder ängstlich werden. Sie bekommen das Gefühl „Irgend etwas stimmt nicht mit mir." Sie wissen gar nicht, wovon die Eltern reden, da sie sich an nichts erinnern können. Dieses unsichere Gefühl kann einem Kind sicherlich eher schaden und ihm nicht helfen, besser zu schlafen.

Olivers Eltern bekamen einen zweiten Rat. Da seine Schlafzeit insgesamt nur zehn Stunden betrug, sollten sie ihn mittags wieder regelmäßig ins Bett legen. Er sollte sich wieder einen Mittagsschlaf angewöhnen.

Kapitel 6:
Schlafstörungen, die nichts mit Einschlaf-Gewohnheiten zu tun haben

Genügend Schlaf und ein regelmäßiger Rhythmus mit festen Zeiten ist für Kinder wie Marc und Oliver besonders wichtig. Übermüdete Kinder scheinen besonders tief zu schlafen. Der Wechsel zum halbwachen Zustand und wieder zurück zum Tiefschlaf ist dadurch besonders schwierig. Es wird wahrscheinlicher, dass der Übergang nicht klappt. Das Schlafwandeln oder der Nachtschreck (Pavor nocturnus) kann dann als Reaktion auf das „Steckenbleiben" im halbwachen Zustand auftreten. Das trifft allerdings nur für Kinder zu, die entsprechend veranlagt sind.

Die **wichtigsten Informationen** über die als „Nachtschreck" oder „Pavor nocturnus" bezeichnete Störung fassen wir nun noch einmal zusammen:

- Wenn Ihr Kind jünger als sechs Jahre ist und häufig Nachtschreck-Attacken hat, brauchen Sie sich keine Sorgen zu machen. Sehr wahrscheinlich hat Ihr Kind weder ernsthafte Probleme noch eine seelische Störung. Die Ursache liegt vielmehr in der noch nicht abgeschlossenen Reifung des Schlafablaufs. Allerdings sollten Sie dann fachliche Hilfe in Anspruch nehmen, wenn Ihnen Ihr Kind zusätzlich tagsüber sehr ängstlich und angespannt erscheint. Auch wenn Ihr Kind bereits sieben Jahre und älter ist und die Nachtschreck-Attacken immer noch häufig vorkommen, sollten Sie eine professionelle Beratung in Betracht ziehen.
- Kindern unter sechs Jahren hilft man am besten, indem man nichts tut. Wenn Ihr Kind sich nicht beruhigen lassen will, ziehen Sie sich zurück und warten ab. Zur Sicherheit können Sie es während der Schrei-Attacken beobachten.
- Wecken Sie Ihr Kind nicht. Fragen Sie es am nächsten Tag nicht aus.
- Sorgen Sie für einen sehr regelmäßigen Schlaf-Rhythmus mit genügend Schlaf. Unter Umständen ist das Wiedereinführen eines Mittagsschlafes sinnvoll.
- Nachtschreck kann, ebenso wie Schlafwandeln, nicht „wegbehandelt" werden. Vielleicht führen die hier genannten Tipps zu einer Verbesserung. Zu einem gewissen Teil müssen Sie den Nachtschreck Ihres Kindes aber annehmen und damit leben – mit der Zuversicht, dass sich das Problem mit der Zeit von selbst löst.

- In der Regel treten Nachtschreck-Attacken im ersten Drittel der Nacht, also eine bis höchstens vier Stunden nach dem Einschlafen auf. Mit Albträumen hat das nichts zu tun. Wie man Nachtschreck von Albträumen unterscheiden kann, erfahren Sie am Ende dieses Kapitels.

Kapitel 6:
Schlafstörungen, die nichts mit Einschlaf-Gewohnheiten zu tun haben

Nächtliche Ängste und Albträume

Alle Kinder haben von Zeit zu Zeit abends oder nachts in ihrem Bett Angst. Alle Kinder haben manchmal Albträume. Ängste und Albträume haben ihre Ursache in den Erlebnissen und Ereignissen, die tagsüber auf die Kinder einwirken – und manchmal auf sie einstürzen.

Angst vor dem Schlafengehen

Ihr Kind kann tagsüber fröhlich und ausgeglichen wirken – und sich abends trotzdem manchmal hilflos und ängstlich fühlen. Es ist dunkel und still. Das Kind liegt allein in seinem Bett. Es gibt keine Ablenkung durch Spielsachen oder Spielkameraden. Es ist mit seinen Gefühlen und Phantasien allein und hat viele Dinge zu bewältigen: Neue Eindrücke, Konflikte mit Geschwistern, kurzfristige Trennung von der Mutter und vieles mehr. Schon der Ablauf ganz normaler Alltagssituationen kann ein Kleinkind oder Vorschulkind von Zeit zu Zeit überfordern. Erst recht gilt das, wenn einschneidende Veränderungen eintreten: ein Umzug, die Geburt eines Geschwisterchens, der Eintritt in den Kindergarten, Krankheit oder Streit in der Familie. Tagsüber mag Ihr Kind scheinbar noch so gut damit fertig werden. Allein im Bett wird Ihre „große" sechsjährige Tochter aber vielleicht wieder ganz „klein", kuschelig und anlehnungsbedürftig, als sei sie plötzlich zwei oder drei Jahre jünger. Vielleicht erfindet sie Ausreden und Ablenkungsmanöver, um die Bettzeit hinauszuzögern. Vielleicht will sie Sie nicht gehen lassen.
Die Erlebnisse, die in einem Kind das Gefühl von Angst und Unsicherheit entstehen lassen, sind vielfältig. Die Kinder können die eigenen Gefühle häufig nicht einordnen. Selten können sie genau sagen, was sie wirklich beunruhigt. Vielleicht haben sie statt dessen Angst vor „Monstern" oder Gespenstern. Die „Monster" treten sozusagen stellvertretend für Erlebnisse auf, die für die Kinder tagsüber bedrohlich und nicht zu bewältigen waren. „Monster" und Gespenster können natürlich auch erscheinen als Folge eines ausgiebigen Fernsehnachmittags. Nicht alle Kinder können die oft scheußlichen Comic-Figuren

der zahlreichen Fernsehprogramme so ohne weiteres verkraften – obwohl sie die Fernbedienung vielleicht schon souverän beherrschen.
Wie können Sie als Eltern mit den sehr verständlichen Ängsten der Kinder umgehen? Im Einzelfall braucht jedes Kind eine ganz auf seine Bedürfnisse zugeschnittene Reaktion. Trotzdem wagen wir einige **allgemeine Ratschläge:**

- Ab dem 2. Lebensjahr bekommen viele Kinder Angst vor der Dunkelheit. Eine völlig finstere Umgebung beflügelt die Phantasie und erschwert es den Kindern, die vertraute Umgebung auch beim nächtlichen Aufwachen sofort wiederzuerkennen. Bringen Sie ein Nachtlicht an, oder lassen Sie einen Lichtschein ins Zimmer, so dass sich das Kind jederzeit orientieren und Umrisse erkennen kann.
- Haben Sie Verständnis für Ihr Kind, wenn es sich abends nicht ganz so ruhig und souverän verhält wie tagsüber. Sätze wie *„Stell dich nicht so an"* oder *„Du bist doch kein Baby mehr"* helfen Ihrem Kind nicht weiter.
- Andererseits ist es meist nicht sinnvoll, ausgerechnet abends oder in der Nacht Probleme des Kindes ausführlich zu diskutieren. Wenn Ihr Kind Ihnen ängstlich erscheint und Themen wie Gespenster, Räuber oder gefährliche Tiere anschneidet, können Sie vielleicht das Abendritual etwas ausdehnen. Aber verbringen Sie Ihre Zeit nicht mit ausführlichen Erklärungen, warum und seit wann es keine Gespenster, Hexen und so weiter gibt. Fangen Sie auch nicht an, Möbel zu verrücken, um Ihrem Kind zu beweisen: Es gibt keine Hexen oder Monster.
- Viel wirksamer ist es, Ihrem Kind immer wieder ganz allgemein zu versichern: *„Mama und Papa sind da. Wir haben dich sehr lieb und passen gut auf dich auf. Wir beschützen dich. Du kannst dich auf uns verlassen."* Dabei können Sie es fest in Ihre Arme nehmen. Ihre Selbstsicherheit wird Ihr Kind viel besser beruhigen als lange Diskussionen über seine Ängste. Die Ängstlichkeit Ihres Kindes ist oft ein Signal mit der Bedeutung *„Mami, bitte beschütze mich!"* Es fühlt sich dann klein und hilflos und sehnt sich nach Geborgenheit. Das Gefühl der Geborgenheit können Sie ihm am besten vermitteln, wenn Sie sich ruhig und selbstsicher verhalten.

Kapitel 6:
Schlafstörungen, die nichts mit Einschlaf-Gewohnheiten zu tun haben

- Wenn Ihr Kind nur ab und zu ängstlich ist und besondere Zuwendung braucht, können Sie ausnahmsweise das Abendritual ruhig einmal ändern. Sie können sich zu Ihrem Kind ins Bett legen oder es zu sich holen. Das kann vor allem dann angebracht sein, wenn z.B. draußen ein Gewitter tobt, Ihr Kind gerade ein belastendes Erlebnis verkraften muss oder eine schwere Erkrankung durchmacht.

Es kann allerdings passieren, dass sich aus den Ausnahmen neue Einschlaf-Gewohnheiten entwickeln. „Ängste" werden dann vom Kind als Instrument eingesetzt, um das Abendritual zu bestimmen und zu verlängern. Das Kind sieht den Zusammenhang *„Wenn ich von Monstern und Gespenstern erzähle, bleibt Mami bis zum Einschlafen in meinem Bett."* Es ist manchmal schwierig zu unterscheiden, ob das Kind wirklich noch Angst hat oder aus taktischen Gründen an seiner „Angst vor Monstern" festhält. Die Körpersprache Ihres Kindes gibt Ihnen wichtige Hinweise für die Unterscheidung.

- Achten Sie zusätzlich darauf, ob Ihr Kind tagsüber auch an seinem abendlichen oder nächtlichen Angst-Thema interessiert ist. Ist das der Fall, hat es wahrscheinlich wirklich ein Problem. Versuchen Sie tagsüber, ihm auf die Spur zu kommen.
- Grundsätzlich sollte das Abendritual – von Ausnahmen abgesehen – in den gewohnten Bahnen ablaufen. Sie helfen Ihrem Kind am besten, wenn Sie ihm zuhören, seine Sorgen und Ängste annehmen und es Ihrer Liebe und Fürsorge versichern – und fest bleiben.

Bisher war von „normaler" Ängstlichkeit die Rede. Sie kann Kinder tatsächlich beunruhigen oder sogar zum Weinen bringen, aber von panikartiger Angst ist sie weit entfernt.

Ein Kind, das panische Angst hat, klammert sich an seiner Mutter fest, steigert sich in hysterisches Schreien und ist bereit, alles zu tun, damit es nicht allein bleiben muss. Bei einem solchen Kind würde „Festbleiben" alles nur verschlimmern. Ein hochgradig ängstliches Kind braucht die dauernde – unter Umständen auch körperliche – Zuwendung der Eltern. Ein solches Kind hat ernsthafte Probleme. Es braucht Hilfe und Unterstützung, damit die Ursache geklärt und eine Lösung gefunden werden kann. Wenn Sie als Eltern damit überfordert sind, scheuen Sie sich bitte nicht, fachliche Hilfe in Anspruch zu nehmen.

Albträume

Ängste, die zu Albträumen führen, sind mit der Angst vor dem Schlafengehen sehr verwandt. Auch bei Albträumen liegen die Ursachen in den Konflikten und Erlebnissen am Tage. Besonders häufig scheinen sie bei Kindern zwischen drei und sechs Jahren vorzukommen. Die Kinder fangen an, über ihre eigenen Gefühle – z.B. Wut, Angst, Schuldgefühle – nachzudenken, ohne sie „mit Vernunft" verarbeiten zu können.
Im Traum werden auf manchmal bizarre Art und Weise all diese Empfindungen aufgenommen. Böse Träume sind für kleine Kinder besonders bedrohlich. Sie können den Unterschied zur Wirklichkeit nicht so leicht nachvollziehen. Wenn sie nach einem Albtraum aufgewacht sind, fühlen sie sich immer noch von dem „Bösen" aus ihrem Traumerlebnis bedroht. Sie bleiben ängstlich und brauchen Trost.

- Kleine Kinder unter drei Jahren kann man am besten trösten, indem man sie fest in den Arm nimmt und ihnen versichert: *„Ich bin da. Es ist alles in Ordnung. Es ist alles gut."* Bei älteren Kindern ist es sinnvoll, sie zusätzlich auf den Traum hinzuweisen oder danach zu fragen. Drängen Sie Ihr Kind niemals dazu, einen Traum zu erzählen, wenn es das nicht von sich aus möchte.
- Ein Nachtlicht kann Ihrem Kind helfen, sich nach einem Traum in seiner Umgebung zu orientieren. Es kann für ein Kind hilfreich sein, nach einem Albtraum im Elternbett Schutz zu suchen, bis es sich beruhigt hat.
- Von Zeit zu Zeit hat jedes Kind Albträume. Kommen sie jedoch über eine längeren Zeitraum täglich oder fast täglich vor, hat Ihr Kind wahrscheinlich ein Problem. Statt nachts über die Albträume zu diskutieren, sollten Sie lie-

Kapitel 6:
Schlafstörungen, die nichts mit Einschlaf-Gewohnheiten zu tun haben

ber tagsüber nach Ursachen suchen und – wie bei besonders hartnäckigen und intensiven Ängsten – professionelle Hilfe erwägen.

Auch der fast vier Jahre alte **Ralf** *wurde schon seit gut zwei Wochen täglich von einem Albtraum gequält. Beim ersten Mal war Ralf gegen 2 Uhr nachts wach geworden. Er schrie wie in Panik, zeigte auf den Kleiderschrank und behauptete, einen Fisch zu sehen. Um keinen Preis wollte er in seinem Zimmer bleiben. Er klammerte sich mit angezogenen Beinen an seine Mutter, wollte ins Wohnzimmer und weinte immer wieder angsterfüllt. In dieser Nacht schlief er nicht mehr ein.*

In den kommenden zwei Wochen musste die Mutter sich abends neben ihn legen und bei ihm schlafen. Die helle Deckenleuchte blieb eingeschaltet, und er schlief sehr spät ein. Jede Nacht zwischen 2 und 3 Uhr wurde er wach, weinte, redete von einem Fisch. Er blieb regelmäßig mehrere Stunden wach. Seine Mutter ging mit ihm ins Wohnzimmer. Er wollte trinken und Kassetten hören.

Ralfs Mutter war unsicher, wie sie sich verhalten sollte. In den ersten Nächten war sie überzeugt, dass ihr Sohn wirklich in Panik war. Mittlerweile war sie sich ihrer Sache nicht mehr so sicher. Sie schwankte in ihren Reaktionen zwischen „Hier ist kein Fisch" und „Sag doch mal, wie der Fisch genau aussieht." Außerdem schwankte sie zwischen Mitleid und Ärger, da ihr kräftezehrender Einsatz die Situation bisher nicht verbessert hatte.

Ralf war auch tagsüber ein eher ängstliches Kind. Besonders Mücken, Spinnen und andere Insekten konnten bei ihm panikartige Reaktionen auslösen. Deshalb bekam die Mutter zunächst Hinweise, wie sie mit den Ängsten ihres Sohnes besser umgehen konnte.

Es ließ sich nicht klären, warum gerade ein Fisch in Ralfs Träumen eine Hauptrolle spielte. Wir entwickelten zusammen eine „therapeutische Geschichte", in der ein dem kleinen Ralf sehr ähnlicher Junge mit ähnlichen Problemen sich mit einem besonders liebenswerten und farbenfrohen Fisch anfreundete. Das Albtraum-Thema (der Fisch) bekam durch die Geschichte eine andere Bedeutung, die nicht mehr mit Angst vereinbar war. Ralfs Mutter erzählte diese Geschichte ihrem Sohn tagsüber von nun an regelmäßig.

Bei Ralf war schwer auseinander zuhalten, ob seine langen Wachphasen wirklich noch mit Angst zu tun hatten, oder ob er schon dabei war, mit seiner Mutter ein Spiel zu spielen, bei dem er die Regeln bestimmen wollte. Ob aber echte Ängste im Vordergrund standen oder eher ein Machtkampf – in jedem Fall war es für Ralf das Beste, wenn seine Mutter Selbstsicherheit ausstrahlen und einer klaren Linie folgen würde.

Ralfs Mutter entschied sich, ihren Sohn zunächst noch weiterhin in ihrem Bett schlafen zu lassen. Es wurde ein Nachtlicht angebracht und die Deckenleuchte dafür ausgeschaltet. Wenn Ralf nachts wach wurde, ging seine Mutter auf seine Schilderung von dem Fisch nicht mehr ein, sondern wiederholte stattdessen in einem ruhigen, liebevollen Tonfall immer dieselben Sätze:

„Das Licht bleibt aus."

„Ich bin da. Es ist alles in Ordnung. Es ist alles gut."

„Du bleibst schön liegen."

„Ich passe gut auf dich auf. Du schläfst schön weiter."

Mutter und Sohn verließen das Zimmer nicht mehr. Auch Ablenkungen wie Trinken oder Kassette-Hören wurden nicht mehr zugelassen. Morgens wurde Ralf geweckt, damit er nachts versäumten Schlaf nicht mehr am Vormittag nachholen konnte.

Schon am zweiten Abend schlief Ralf recht schnell ein. Auch die Nächte verbesserten sich deutlich: In der ersten Nacht weinte Ralf noch zwei Stunden lang. Ab der zweiten Nacht wurde er zwar für längere Zeit immer noch gegen 2 Uhr wach und berichtete von seinem Fisch-Traum. Er konnte jedoch ohne Panik und Weinen innerhalb von 10-30 Minuten wieder einschlafen.

Kapitel 6:
Schlafstörungen, die nichts mit Einschlaf-Gewohnheiten zu tun haben

Wie kann man Albträume vom Nachtschreck unterscheiden?

Albträume finden während des REM-Schlafs (s. Abbildung 4) statt. Nicht während des Traumes, sondern erst danach fangen die Kinder an zu weinen. Sie sind dann vollständig wach. In den REM-Schlaf fällt ein Kind zum ersten Mal etwa drei Stunden nach dem Einschlafen. In der zweiten Nachthälfte werden die REM-Abschnitte häufiger und intensiver. Deshalb kommen Albträume meist in der zweiten Nachthälfte vor.

Nachtschreck-Attacken passieren ein bis vier Stunden nach dem Einschlafen, also im ersten Drittel der Nacht. Aus dem Tiefschlaf heraus kommt es zu einem unvollständigen Erwachen. Der Wechsel zurück zum Tiefschlaf gelingt nicht sofort, sondern das Kind bleibt längere Zeit in dem Zustand zwischen Schlafen und Wachen. In diesem Zustand beginnt es zu schreien und um sich zu schlagen. In der folgenden Tabelle (Abb. 11) sind die von Prof. Ferber übernommenen wichtigsten Unterscheidungsmerkmale zwischen Albtraum und Nachtschreck gegenübergestellt.

	Albtraum	**Nachtschreck**
Wovon sprechen wir?	Ein böser Traum. Findet im REM-Schlaf statt. Anschließend vollständiges Erwachen.	Unvollständiges Erwachen aus dem Tiefschlaf.
Wann bemerken wir es?	Nicht während des Traums, sondern danach, wenn das Kind wach ist und schreit oder weint.	Während der Nachtschreck-Attacke, wenn das Kind schreit und um sich schlägt. Danach ist es ruhig.
Wann tritt es auf?	In der 2. Nachthälfte, wenn das Kind am intensivsten träumt.	Gewöhnlich 1-4 Stunden nach dem Einschlafen.
Wie verhält sich das Kind?	Es weint meist und hat nach dem Aufwachen noch Angst.	Es sitzt im Bett oder steht auf. Es wirft sich herum oder schlägt um sich. Es spricht, murmelt, schreit oder weint bei gleichzeitiger Angst und Verwirrung, schnellem Puls und Schwitzen. Alle Symptome verschwinden nach dem Aufwachen.
Wie reagiert das Kind auf Sie?	Es nimmt Sie wahr und läßt sich von Ihnen beruhigen. Es sucht Körperkontakt.	Es nimmt Sie nicht wahr und läßt sich nicht beruhigen. Wehrt sich gegen Körperkontakt.
Wie schläft es wieder ein?	Wegen seiner Angst hat es vielleicht Schwierigkeiten, wieder einzuschlafen.	Normalerweise schnell, oft ohne vorher vollständig wach zu werden.
Erinnert sich das Kind am nächsten Morgen?	Wenn es alt genug ist, kann es sich an einen Traum erinnern und ihn unter Umständen erzählen.	Keine Erinnerung – weder an einen Traum noch an das Schreien oder Um-sich-Schlagen.

Abbildung 11: Unterschiede zwischen Albtraum und Nachtschreck

Kapitel 6: Das Wichtigste in Kürze

- **Manche Kinder verhalten sich im Schlaf auffällig**
  Während der ersten 1-4 Stunden nach dem Einschlafen kommt es bei Ihrem Kind ein- bis zweimal zu unvollständigem Erwachen aus dem Tiefschlaf. Einige Kinder bleiben längere Zeit in diesem Zustand. Das kann sich durch auffälliges Verhalten bemerkbar machen: Sprechen im Schlaf, ruhiges Schlafwandeln und Nachtschreck-Attacken mit lautem Schreien und Um-sich-Schlagen können auftreten.

- **Auffälliges Verhalten im Schlaf ist meist kein Grund zur Besorgnis**
  Bei Kindern unter 6 Jahren sind diese Auffälligkeiten in der Regel kein Hinweis auf eine psychische Störung, sondern ein anlagebedingtes Reifungsproblem. Wecken Sie Ihr Kind nicht, beobachten Sie es nur. Lassen Sie es in Ruhe, wenn es sich gegen Ihre Zuwendung wehrt. Fragen Sie es am nächsten Tag nicht aus. Sorgen Sie für einen regelmäßigen Tagesablauf mit genügend Schlaf. Seien Sie zuversichtlich, dass sich das Problem mit der Zeit von selbst löst.

- **Bei Albträumen braucht Ihr Kind Ihren Trost**
  Albträume und nächtliche Ängste kann man gut vom Nachtschreck unterscheiden. Anders als beim Nachtschreck, braucht Ihr Kind nach einem bösen Traum Trost und Ihre Versicherung, daß Sie immer da sind und für seinen Schutz und seine Sicherheit sorgen. Vermeiden Sie, nachts mit dem Kind Ängste und Träume zu diskutieren. Versuchen Sie, tagsüber die Ursachen herauszufinden.

7
Besondere Probleme

In diesem Kapitel erfahren Sie, …

- was Sie wissen sollten, wenn Ihr Kind
  mit einem der folgenden Probleme zu tun hat:
  - Kopfschlagen und Schaukeln
  - Schlaf-Apnoe
  - Schmerzen
  - Geistige Behinderung
- was wir über den Einsatz von Medikamenten
  bei der Schlafbehandlung denken

Einigen Eltern reichen alle bisherigen Informationen nicht aus. Ihr Kind hat im Zusammenhang mit dem Schlaf ganz spezielle Probleme, auf die bisher noch nicht eingegangen wurde. Im folgenden Kapitel sind die wichtigsten Besonderheiten zusammengefasst.

Kopfschlagen und Schaukeln

Gelegentlich berichten Eltern von einer Beobachtung, die ihnen ungewöhnlich erscheint.

> *Der 18 Monate alte* **Thomas** *z.B. schlug tagsüber, abends und mehrmals in der Nacht vor dem Einschlafen mit dem Kopf gegen die Gitterstäbe seines Kinderbettchens. Er verletzte sich damit zwar nicht ernsthaft, hatte aber ab und zu Druckstellen am Kopf. Die Eltern versuchten, das Bettchen auszupolstern. Aber er entfernte die Polster und fand immer wieder eine harte Stelle. Die Rollen unter dem Kinderbett waren bereits abgebaut, da Thomas durch das rhythmische Kopfschlagen das Bett manchmal regelrecht quer durchs Kinderzimmer in Bewegung setzte.*
>
> *Die Eltern machten sich Sorgen um ihren Sohn. Sie hatten gehört, dass hauptsächlich schwer behinderte und vernachlässigte Kinder mit dem Kopf schlagen. Mussten sie nun davon ausgehen, dass ihr Sohn ernsthaft gestört war?*

Andere Eltern machen sich ähnliche Sorgen, wenn ihre Kinder z.B. vor dem Einschlafen auf allen Vieren auf dem Bett hocken und sich vor und zurück bewegen, oder wenn sie im Liegen ihr Köpfchen rhythmisch von einer Seite auf die andere werfen.
Ob die Kinder mit dem Kopf gegen einen harten Gegenstand schlagen, ihn hin und her rollen oder mit dem ganzen Körper schaukeln – die Sorgen der Eltern sind in den meisten Fällen unbegründet. Zumindest bei Säuglingen und Kleinkindern handelt es sich um normales und durchaus verbreitetes Verhalten. Bei

gesunden, in ihrer sonstigen Entwicklung unauffälligen Kindern ist es kein Anzeichen einer Störung.

Viele dieser Kinder haben auch tagsüber eine Vorliebe für rhythmische Bewegungen. Wenn sie Musik hören, beginnen sie im Takt zu schaukeln – entweder mit dem Kopf oder mit dem ganzen Körper. Einige Kinder haben sich das Schaukeln auf allen Vieren, das Rollen mit dem Kopf oder das Kopfschlagen besonders zur Schlafenszeit angewöhnt. Sie tun es vor dem Einschlafen, manchmal auch morgens oder nachts, um nach dem Aufwachen wieder in den Schlaf zu finden. Es handelt sich meist um eine Einschlafgewohnheit, die durchaus z.B. mit dem Daumenlutschen oder dem „Einschaukeln" im Kinderwagen vergleichbar ist.

Das Kopfschlagen (es kommt in ca. 5 % aller Fälle vor) wird von all diesen ähnlichen, in der Fachsprache „Jaktationen" genannten rhythmischen Bewegungen für die betroffenen Eltern am ehesten als Problem oder als „Störung" empfunden. Auch wenn die Kinder sich nicht ernsthaft verletzen, machen die Eltern sich Sorgen. Aus ihrer Sicht müsste das Schlagen mit dem Kopf gegen einen harten Gegenstand doch eigentlich schmerzhaft sein. Offensichtlich ist das für diese Kinder aber nicht der Fall. Der beruhigende Effekt dieser regelmäßigen Bewegung, sozusagen der „Lustgewinn", scheint zu überwiegen, auch wenn das für Erwachsene nur schwer nachzuvollziehen ist.

Kopfschlagen oder Schaukeln als Einschlaf-Gewohnheit entwickelt sich meist innerhalb des ersten Lebensjahres. Es kann nach kurzer Zeit spontan abklingen, aber auch längere Zeit anhalten. Meist verschwindet es 1 bis 1½ Jahre nach dem ersten Auftreten, spätestens also im 3. bis 4. Lebensjahr.

Kopfschlagen kommt bei Jungen wesentlich häufiger vor als bei Mädchen. Es stimmt zwar, dass Kopfschlagen bei Kindern mit einer ernsthaften neurologischen Krankheit oder einer psychischen Störung überdurchschnittlich oft auftritt. Kopfschlagen als einzige Auffälligkeit bei einem sonst gesunden, sich normal entwickelnden Kind ist trotzdem kein Grund zur Sorge. Die betroffenen Eltern helfen ihrem Kind am besten, wenn sie es mit seiner Eigenart annehmen und darauf vertrauen, dass alles in Ordnung ist.

Einige zusätzliche Tipps:

- Geben Sie Ihrem Kind tagsüber viel Gelegenheit, sich rhythmisch zu bewegen.
- Es ist einen Versuch wert, eine laut tickende Uhr oder ein Metronom neben das Kinderbett zu stellen, um dem Rhythmus-Gefühl Ihres Kindes entgegenzukommen.
- Polstern Sie das Kinderbett sorgfältig aus, oder legen Sie als Schlafplatz eine Matratze mitten ins Zimmer. Je aufwändiger die Suche nach einem festen Gegenstand zum Kopfschlagen ist, desto eher wird ihr Kind damit aufhören.
- In sehr seltenen Fällen, wenn das Kind sich mit dem Kopfschlagen wirklich selbst verletzt, können die Eltern es mit einem Fahrrad-Helm schützen.
- Achten Sie darauf, dass Sie das Kopfschlagen Ihres Kindes nicht mit besonderer Aufmerksamkeit und Zuwendung „belohnen".
  Thomas z.B., von dem zu Beginn des Abschnitts die Rede war, bekam abends und nachts regelmäßig ein Fläschchen, wenn er anfing, mit dem Kopf zu schlagen. Zum Teil war das Kopfschlagen für ihn ein sicheres Mittel, ein Fläschchen zu bekommen. Als seine Mutter ihm nach der im 5. Kapitel besprochenen Methode die nächtlichen Fläschchen abgewöhnt hatte, ließ auch das Kopfschlagen stark nach.

In seltenen Fällen kann Kopfschlagen oder Schaukeln Hinweis auf eine ernsthafte Störung sein. Sprechen Sie mit Ihrem Kinderarzt oder Ihrer Kinderärztin, wenn eine der folgenden Bedingungen auf Ihr Kind zutrifft:

- Das Kopfschlagen oder Schaukeln tritt erstmals auf, wenn Ihr Kind schon älter als $1\frac{1}{2}$ Jahre ist.
- Das Kopfschlagen oder Schaukeln tritt gleichzeitig mit einem belastenden oder ängstigenden Ereignis auf.
- Die rhythmischen Bewegungen lassen auch im 3. oder 4. Lebensjahr noch nicht nach.
- Ihr Kind entwickelt sich nicht altersgerecht.

Kapitel 7: Besondere Probleme

Schlaf-Apnoe

Julia, 5 Jahre alt, begann vor einem halben Jahr zu schnarchen. Oft wurden die Eltern nachts in ihrer hellhörigen Wohnung von dem lauten Geräusch geweckt. Vor sechs Wochen bemerkten die Eltern, dass das Schnarchen durch Phasen absoluter Stille unterbrochen wurde. In der folgenden Zeit achteten sie immer mehr darauf und nahmen immer häufiger diese Phasen wahr. Gleichzeitig fiel ihnen auch auf, dass Julia während des Tages müde und unausgeglichen war.

Dies ist die typische Geschichte eines Kindes mit Schlaf-Apnoen. „Apnoe" heißt zunächst einfach „nicht atmen". Der Luftstrom durch Nase und Mund ist für mehr als zehn Sekunden unterbrochen. Dies kann z.B. bei frühgeborenen Kindern durch eine Unreife des Impulsgebers für die Atmung im Hirn ausgelöst werden. Bei Schlaf-Apnoen, von denen wir hier sprechen, hört das Kind immer wieder auf zu atmen, weil der Luftstrom durch die Nase und den Mund auf dem Weg in die Luftröhre unterbrochen wird. Diese Unterbrechung findet vor allem im Bereich des Zungengrundes statt. Wie wir wissen, erschlafft die Muskulatur besonders im Traumschlaf vollständig, so dass die Zunge nach hinten fallen kann und den Luftstrom auf dem Weg in die Luftröhre versperrt.

Für die meisten Kinder bleibt der Luftstrom ausreichend. Bei Julia aber kam hinzu, dass ihre Adenoide (Polypen), und Tonsillen (Mandeln) vergrößert waren und zusammen mit der Zunge zuwenig Luft durchließen. Dies führte dazu, dass sie immer wieder halb wach werden musste, um die Zunge wieder anspannen zu können. Damit verschaffte sie dem Luftstrom wieder den erforderlichen Platz, um in die Lunge zu gelangen. So kann im Extremfall die ganze Nacht ein Kampf um genügend Luft sein. Auch der Tiefschlaf wird beeinträchtigt. Kein Wunder, dass Julia am Tage müde, unausgeglichen und quengelig war.

Wann sollten Eltern an eine Schlaf-Apnoe denken?

Die wichtigsten **Merkmale** sind:

- Übermäßige Schläfrigkeit am Tage mit einer Vielzahl indirekt und direkt verbundener Auffälligkeiten: unangepasstes Verhalten, Hyperaktivität, plötzliche Charakterveränderung, bei älteren Kindern Schulprobleme.
- Lautes Schnarchen jede Nacht auch ohne Zeichen eines Luftweginfektes, Einziehen des Brustkorbes beim Einatmen. Ursache: Der Luftstrom in die Lunge ist zu gering und führt zu teilweisem Erwachen mit vorübergehender Besserung der Atmung.

Die Ursachen, die zu Schlaf-Apnoen führen, sind vor allem vergrößerte Mandeln und Polypen, aber auch übermäßiges Gewicht und Fehlbildungen der Kiefern. Das Kind sollte bei Verdacht auf eine Behinderung der Atmung beim Kinderarzt oder beim Hals-Nasen-Ohren-Arzt vorgestellt werden. Bei den meisten dieser Kinder hilft eine Entfernung der Polypen und Mandeln.

Kapitel 7: Besondere Probleme

Schmerzen

Wenn Ihr Kind vor Schmerzen weint, kann es nur schwer in den Schlaf finden. Die gewohnten Einschlaf-Bedingungen helfen ihm nicht. Eltern können das klägliche Weinen und Schreien wegen starker Schmerzen in der Regel recht gut von Wut- oder Protestgeschrei unterscheiden.
Oft denken die Eltern zunächst an Zahnschmerzen. Das Wort „Zahnen" ist umrankt von vielen Ammenmärchen. Soviel ihm auch als Ursache für Fieber, Durchfall, Quengeln und Appetitlosigkeit zugeschrieben wird, so wenig gesicherte Erkenntnisse gibt es.
Was verstehen wir unter „Zahnen"? In der Umgangssprache ist damit das gesamte Wachstum der Zähne gemeint. Sind die Zähne noch nicht sichtbar, „schießen" sie ein. Kommen sie aus dem Zahnfleisch heraus, „brechen die Zähne durch". Da die Zähne gleichmäßig mit unserem gesamten Organismus wachsen, gibt es in Wahrheit kein plötzliches „Einschießen" von Zähnen, die deshalb Beschwerden verursachen könnten. So kann sich das Wort „Zahnen" mit Beschwerden nur auf die Zeit beziehen, in der die Zähne sichtbar werden und aus dem Zahnfleisch herauswachsen.
Wann verursachen sie Schmerzen? Sicher dann, wenn eine Entzündung mit Rötung und Schwellung des Zahnfleisches sichtbar wird. Dies ist nicht häufig der Fall. Nach wenigen Tagen ist die Entzündung in der Regel wieder abgeklungen. So können wir „Zahnen" als Ursache von Schlafstörungen und Krankheiten kaum gelten lassen. Wenn Eltern einen Säugling in die Praxis bringen, weil er vor Schmerzen die ganze Nacht geschrien hat, fügen sie oft die Frage hinzu: *„Ob es wohl vom Zahnen kommt?"*
Wir schauen in der Regel zuerst in die Ohren. Für uns ist die häufigste Ursache für Schmerzen eine akute Mittelohrentzündung. Gelegentlich gibt es auch chronische Mittelohr-Ergüsse, die vor allem im Liegen Schmerzen hervorrufen. Kommt Fieber hinzu, kann ein Säugling auch Kopf- und Gliederschmerzen haben. Fieberhafte Erkrankungen bei Säuglingen können, wie bei Erwachsenen, Kopf- und Gliederschmerzen hervorrufen.
Wir tasten bei Säuglingen, die ungewöhnlich heftig schreien, immer den Bauch und die Leisten ab, um auszuschließen, dass dort die Quelle des Übels liegt.

Es gibt noch eine Vielzahl anderer möglicher Schmerzursachen, aber die Zähne spielen für die Untersuchung selten eine Rolle. Eine sorgfältige Befragung der Eltern und eine Untersuchung klären gewöhnlich die Ursache oder schließen zumindest ernsthafte Erkrankungen aus.

Wenn die Eltern den begründeten Verdacht haben, dass das Kind wegen Schmerzen nicht schlafen kann, aber noch nicht so krank erscheint, dem Kinderarzt vorgestellt zu werden, empfehlen wir, dem Kind ein Fieber-Zäpfchen zu geben, weil dieses gleichzeitig auch die Schmerzen lindert.

Kapitel 7: Besondere Probleme

Geistig behinderte Kinder

__Daniel__ und __Moritz__ wurden als Zwillinge in der 36. Schwangerschaftswoche geboren. Beide mussten anschließend wegen schwerer Atemnot auf die Intensivstation und blieben vier Wochen lang dort, weil eine Vielzahl von Komplikationen ihr Leben bedrohte. Sehr bald nach ihrer Entlassung wurde deutlich, dass beide in ihrer Entwicklung zurückblieben. Mit fünf Jahren wurde eine massive Entwicklungsverzögerung mit autistischem Verhalten diagnostiziert.

Von Anfang an klagte die alleinerziehende Mutter immer wieder über den häufig unterbrochenen Schlaf während der Nacht. Zuletzt kam es schlicht zur Katastrophe. Nachdem die beiden zwischen 21 und 22 Uhr in ihren Gitterbettchen eingeschlafen waren, wachte gewöhnlich einer von ihnen um Mitternacht auf, stieg aus dem Bett und klopfte mit einem Spielzeug gegen die Fensterscheiben, bis sein Bruder aufwachte und mitmachte. Erst nach einer Stunde schliefen sie wieder ein. Um 3 Uhr riefen sie nach Tee. Sie wollten dann wieder für eine Weile spielen, bis sie um 5.30 Uhr erneut einschliefen.

Mit ihrem Klopfen gegen die Fensterscheiben hatten sie nicht nur ihre Mutter geweckt, sondern auch eine Reihe von Familien in dem siebenstöckigen Hochhaus. Böse Briefe steckten im Postkasten. Die Mutter konnte ihrer Arbeit nur noch mühsam und müde nachgehen.

Sollten wir auch hier, bei so schwer geistig behinderten und autistischen Kindern, unser Schlafprogramm anwenden?

Eine Alternative bot sich einfach nicht. Trotz anfänglicher Schwierigkeiten gelang es, durch einen genau vorher vereinbarten Plan bei den Kindern einen wesentlich längeren und durchgehenden Schlaf zu erreichen. Sie lernten, nicht mehr nachts zu trinken, mehr von den Tagesschläfchen auf die Nacht zu verlegen und im Bett zu bleiben.

Anfangs hatten wir als Berater schon fast aufgegeben, weil die Kinder alle technischen Maßnahmen unterliefen, nachts im Bett zu bleiben. Die Mutter blieb aber konsequent und überraschte uns nach einigen Wochen mit der Erfolgsmeldung, dass die beiden doch gelernt hatten, durchzuschlafen.

Auch geistig behinderte Kinder sind lernfähig. Auch sie lernen durch feste Bedingungen und Konsequenzen.

Wenn die Schlafstörung Teil ihrer Grunderkrankung ist, kann es nicht zu so schnellem und vollständigem Erfolg kommen wie bei gesunden Kindern. Ein großes Maß an Geduld und Einfühlungsvermögen ist immer notwendig. In seltenen Fällen kann auch eine medikamentöse Behandlung erforderlich sein.
Nach unseren Erfahrungen ist es auch bei geistig behinderten Kindern mit schweren Schlafstörungen möglich und sinnvoll, ein genau dem einzelnen Kind angemessenes Verhaltensprogramm für den Abend und die Nacht zu vereinbaren und für eine Weile durchzuhalten.

Kapitel 7: Besondere Probleme

Medikamente

Haben Schlaf- und Beruhigungsmittel Platz in der Behandlung von Schlafstörungen?

Nach einer Untersuchung des Instituts für Medizinische Statistik [13] bekamen im Jahr 1990 7-10% aller Kinder unter zwölf Jahren in der Bundesrepublik mindestens einmal Schlaf- oder Beruhigungsmittel verschrieben. Am gängigsten sind Psychopharmaka wie Atosil und Beruhigungsmittel aus der Valium-familie.

Besonders bedenklich stimmt, dass nach einer Veröffentlichung im Deutschen Ärzteblatt (1989) [14] die Verschreibungshäufigkeit bei Säuglingen bis zu einem Jahr besonders hoch ist: 20 von 100 Kindern in dieser Altersgruppe wurden mindestens einmal Psychopharmaka verordnet! Würden diese Medikamente auch tatsächlich eingenommen, müsste man befürchten: Viele Kinder mit Schlafstörungen werden mit Psychopharmaka behandelt.

Allerdings werden nach unseren Erfahrungen – zumindest von Kinderärzten – Schlafmittel nicht leichtfertig für einen längeren Zeitraum verschrieben. Hinzu kommt, dass die Eltern verordnete Medikamente häufig nach wenigen Tagen wieder absetzen.

Bevor wir unser Behandlungsprogramm eingeführt hatten, haben wir in Ausnahmefällen bei besonders verzweifelten Familien auch Schlaf- oder Beruhigungsmittel verordnet. Dadurch schliefen die Kinder zwar etwas schneller ein, aber das nächtliche Herumtragen, Schnullergeben usw. änderte sich nicht. Das Schlüsselproblem, die elternabhängige Einschlaf-Hilfe, blieb schließlich ebenfalls bestehen. Nach Absetzen der Medikamente kehrte regelmäßig das alte Schlafmuster zurück.

Es gibt Untersuchungen [15], die unsere Erfahrungen bestätigen. Eine dauerhafte Hilfe durch Medikamente wurde – genau wie in unserer Praxis – nicht beobachtet. Medikamente wirkten nur dann, wenn gleichzeitig ein Behandlungsprogramm durchgeführt wurde.

Da der Behandlungserfolg mit unserem Verhaltensprogramm außerordentlich groß ist, verzichten wir bei gesunden Kindern mittlerweile vollständig auf Medikamente. Medikamente können – abgesehen von unerwünschten Nebenwirkungen – auch zusätzlich Probleme verursachen: Manche Kinder drehen dann erst richtig auf, statt schläfrig zu werden. Dieser Effekt wird „paradoxe Reaktion" genannt.

Aus all diesen Gründen lautet unsere Schlussfolgerung:

**Medikamente haben
in der Behandlung von Schlafstörungen
bei gesunden Kindern keinen Platz.**

Sie sind weder erforderlich noch auf Dauer wirksam und sollten deshalb vor Beginn eines Behandlungsprogramms abgesetzt werden.

Kapitel 7: Das Wichtigste in Kürze

- **Kopfschlagen und Schaukeln**
  Kopfschlagen und Schaukeln sind zwar ein ungewöhnliches, aber zumeist nicht krankhaftes Verhalten. Geduld ist notwendig, um auf ein spontanes Verschwinden dieser Eigenart zu warten.

- **Tages-Müdigkeit und nächtliches Schnarchen**
  Ungewöhnliche Müdigkeit während des Tages und regelmäßiges Schnarchen mit längeren Atempausen während der Nacht können Anzeichen für Schlaf-Apnoen sein. Der Mehrzahl der Kinder hilft eine operative Entfernung der Polypen/Adenoide und Mandeln.

- **Schmerzen**
  Oft verhindern Schmerzen, dass ein Kind nachts durchschlafen kann. Zuerst sollte versucht werden, die Ursache zu finden. Zahnen ist gewöhnlich keine ausreichende Erklärung.

- **Geistig behinderte Kinder**
  Geistig behinderte Kinder haben oft Schlafstörungen. Wenn diese nicht unmittelbar durch die Krankheit selbst verursacht wurden, lohnt sich der Versuch, das beschriebene Schlafprogramm – angepasst an die Eigenheiten des Kindes – durchzuführen.

- **Medikamente**
  Medikamente haben bei der Behandlung von Schlafstörungen bei gesunden Kindern keinen Platz.

8
Fragen und Antworten

Die häufigsten Fragen betroffener Eltern
zum Thema „Schlafen lernen" und die Antworten dazu
haben wir in diesem Kapitel zusammengefasst

Zu klein für den Behandlungsplan?

Frage: *Meine Tochter ist knapp drei Monate alt. Sie will jede Nacht mindestens viermal an die Brust. Kann ich ihr nicht jetzt schon beibringen, durchzuschlafen?*
Antwort: Wahrscheinlich nicht! Mit drei Monaten haben die meisten Kinder noch keinen voll ausgereiften Schlaf-Rhythmus. Sie können Tag und Nacht noch nicht so gut unterscheiden. Die meisten Babys brauchen in dem Alter auch nachts noch eine Mahlzeit. Perfektes Durchschlafen können Sie deshalb noch nicht von Ihrer Tochter erwarten. Aber auch in diesem Alter können Sie Ihr Kind schon an feste Zeiten bei den Tagesschläfchen und beim Zubettgehen gewöhnen.

Frage: *Meine Tochter ist drei Monate alt und schläft immer nur an der Brust ein. Wenn ich sie wach in ihr Bettchen lege, fängt sie jedes Mal sofort an zu weinen. Wie soll ich ihr beibringen, allein einzuschlafen? Für den Behandlungsplan ist sie doch noch zu klein!*
Antwort: Sie haben recht: Ganz streng nach Plan sollten Sie bei einem so kleinen Baby nicht vorgehen. Ab und zu wird sie sicherlich noch beim Stillen einschlafen. Aber Sie können allmählich ganz behutsam eingreifen. Legen Sie Ihre Tochter nach und nach immer öfter wach in ihr Bettchen, auch wenn sie zunächst protestiert. Nach kurzer Zeit gehen Sie zu ihr und trösten sie. Reicht Ihre Anwesenheit nicht aus, können Sie Ihre Tochter auch kurz auf den Arm nehmen und sie dort beruhigen. Aber bedenken Sie: Rechtzeitig vor dem Einschlafen sollten Sie Ihre Tochter wieder ins Bettchen legen. Einschlafen sollte sie möglichst oft dort – allein und ohne Ihre Hilfe.

Nach Krankheit von vorn anfangen?

Frage: *Wir sind mit unserem 18 Monate alten Sohn genau nach Ihrem Behandlungsplan vorgegangen. Obwohl er bis dahin jede Nacht mehrere Fläschchen getrunken hatte, klappte es innerhalb weniger Tage. Er schlief zwei*

Monate lang wunderbar durch. Leider war er jetzt sehr krank. Seitdem bekommt er wieder zwei Fläschchen pro Nacht. Sollen wir nun wieder von vorn anfangen?

Antwort: Bei jedem Kind kann es durch Krankheit, aber auch durch eine Urlaubsreise zu einem Rückfall kommen. Eine einzige Nacht reicht manchmal aus, und das Kind will die Ausnahme am liebsten sofort zur Gewohnheit machen. Diese Gewohnheit möchte es natürlich beibehalten, auch wenn es wieder gesund ist, oder wenn der Urlaub längst vorbei ist. In so einem Fall können Sie durchaus ein zweites Mal nach dem Behandlungsplan vorgehen. Meist klappt es schneller als beim ersten Mal. Wahrscheinlich hat das Kind Ihre Konsequenz noch nicht vergessen. Krankheiten und Ausnahmesituationen können immer wieder vorkommen. Deshalb ist es durchaus denkbar, dass Sie noch einige Male auf den Behandlungsplan zurückgreifen werden.

„Mein Kind lässt sich nicht beruhigen"

Frage: *Mein Sohn ist neun Monate alt und schläft immer nur auf dem Arm ein. Wie ich ihn kenne, lässt er sich keinesfalls beruhigen, wenn ich immer wieder zu ihm gehe. Er wird jedes Mal noch wütender schreien, wenn er mich sieht und ich ihn dann nicht auf den Arm nehme. Ist es nicht besser, gar nicht zu ihm zu gehen und ihn stattdessen durchschreien zu lassen?*

Antwort: Es kann sein, dass Sie mit der Methode „Durchschreien lassen" Erfolg hätten. Wahrscheinlich würde Ihr Sohn tatsächlich nach einigen Tagen das Schreien ganz einstellen, weil es sich für ihn nicht auszahlt. Uns geht es aber nicht nur um den Erfolg, sondern gleichzeitig immer auch um das Wohl des Kindes. Es kann vielleicht Angst bekommen, wenn man es stundenlang allein weinen lässt: Angst, verlassen zu werden oder nicht mehr geliebt zu werden. Das können Sie ausschließen, wenn Sie in kurzen Abständen immer wieder zu ihm gehen und ihm zeigen: *„Ich bin da. Es ist alles in Ordnung."* Zwar kann Ihre Anwesenheit bei Ihrem Sohn recht kurz ausfallen, wenn er mit noch lauterem Schreien reagiert. Lassen Sie sich aber nicht davon abbringen, ihm immer wieder Trost und Zuwendung anzubieten.

Morgens um 5 Uhr klappt der Behandlungsplan nicht mehr

Frage: *Unsere Tochter (neun Monate alt) hat mit Hilfe des Behandlungsplans gelernt, abends gegen 20 Uhr allein (statt an der Brust) einzuschlafen, und sie schläft mittlerweile fast immer durch. Auch die beiden Tagesschläfchen klappen gut. Aber oft wird sie schon morgens um 5 Uhr wach. Und dann weint sie immer noch sehr lange, bevor sie wieder einschläft – wenn überhaupt. Ich habe kein gutes Gefühl dabei. Was soll ich tun?*

Antwort: Um 5 Uhr morgens ist Ihre Tochter wahrscheinlich noch nicht ausgeschlafen, aber ihr Schlafbedürfnis ist doch zum größten Teil befriedigt. Es fällt ihr deshalb viel schwerer als sonst, noch einmal in den Schlaf zu finden. In diesem Fall ist es nicht empfehlenswert, morgens um 5 Uhr am Behandlungsplan festzuhalten, wenn es nach mehreren Tagen noch keine Fortschritte gegeben hat. Beißen Sie lieber in den sauren Apfel und erklären um 5 Uhr die Nacht für beendet. Stehen Sie mit Ihrem Kind auf, behalten aber den normalen Tagesrhythmus mit den üblichen Ess- und Schlafenszeiten bei. Wenn Ihre Tochter nicht gerade zu den extremen Wenig-Schläfern gehört, wird sich ihre Nachtruhe allmählich von selbst verlängern.

Nächtliche Mahlzeiten für „schlechte Esser?"

Frage: *Mein Sohn ist fast zwei Jahre alt und wiegt erst 13 kg. Er ist ein ausgesprochen „schlechter Esser". Deshalb sind wir froh, dass er wenigstens nachts zwei Flaschen Milch trinkt. Leider wird er deshalb auch ziemlich oft wach. Können wir ihm denn wirklich guten Gewissens die nächtlichen Mahlzeiten abgewöhnen? Dann nimmt er doch noch weniger zu sich!*

Antwort: Es kann niemals der richtige Weg sein, einem „schlechten Esser" nachts im Halbschlaf die Nahrung einzuflößen, die er tagsüber anscheinend verweigert. Solange Ihr Sohn nachts fast einen halben Liter Milch trinkt, hat er keinen Grund, tagsüber mehr zu sich zu nehmen. Er hat sich den nächtlichen

Hunger angewöhnt. Sie müssen den ersten Schritt tun und ihm Essen und Trinken zu regelmäßigen, festen Zeiten tagsüber anbieten. Fällt die nächtliche Mahlzeit weg, können Sie sicher sein: Ihr Sohn holt sich innerhalb weniger Tage tagsüber das, was er braucht.

Kind kommt unbemerkt ins Elternbett

Frage: *Unsere vierjährige Tochter kommt fast jede Nacht zu uns ins Bett. Eigentlich möchten wir das nicht, aber oft merken wir es gar nicht. Was können wir tun?*
Antwort: Wenn Sie es nur „eigentlich" nicht möchten, lassen Sie es lieber, wie es ist. Wenn Sie Ihre Tochter daran gewöhnen wollen, nachts in ihrem eigenen Bett zu bleiben, brauchen Sie Ihre gesamte Entschlusskraft und auch einen gewissen Leidensdruck, sonst halten Sie es nicht durch. Wenn Sie es meist gar nicht merken, haben Sie auch keine Chance, konsequent jedes Mal auf das Ins-Bett-Kommen Ihrer Tochter zu reagieren. Und nur dann könnten Sie Erfolg haben.

Nach 14 Tagen noch kein Erfolg

Frage: *Mein Sohn ist 25 Monate alt. Meiner Meinung nach braucht er noch einen Mittagsschlaf. Seit zwei Wochen lege ich ihn konsequent jeden Mittag für eine Stunde in sein Bett. Zwar weint er in der Zeit nicht mehr, aber er schläft auch nicht. Hat es Sinn, es noch länger zu versuchen?*
Antwort: Wenn Sie nach 14 Tagen wirklich konsequentem Vorgehen bei Ihrem Sohn noch keine Veränderung bemerken, können Sie sicher sein: Ihr Sohn braucht tatsächlich keinen Mittagsschlaf mehr. Es hat keinen Sinn, länger darauf zu bestehen. Einige Eltern berichten aber über ihre guten Erfahrungen mit einer mittäglichen „Ruhepause". Das Kind wird daran gewöhnt, sich mittags bis zu einer Stunde in seinem Bett oder seinem Zimmer allein zu beschäftigen. Vielleicht kommt diese Möglichkeit auch für Ihren Sohn in Frage.

Abends klappt es – nachts nicht

Frage: *Unsere Tochter (13 Monate alt) kann seit drei Wochen abends wunderbar allein einschlafen. Aber nachts wird sie immer noch mehrmals wach und will trinken. Nach 2 Uhr müssen wir sie zu uns ins Bett holen. Warum schläft sie immer noch nicht durch?*
Antwort: Ihre Tochter hat akzeptiert, dass sie abends kein Fläschchen bekommt und nicht ins große Bett geholt wird. Allein im eigenen Bett einschlafen – das findet sie nun normal. Leider findet sie es aber nachts nach dem Aufwachen immer noch normal, zu trinken und ins Elternbett zu kommen. Sie hat den Unterschied zwischen abends und nachts begriffen. Nachts kann sie ohne Ihre Hilfe noch nicht einschlafen. Das kann sie aber mit Ihrer Unterstützung lernen. Sie können auch nachts genau nach dem Behandlungsplan vorgehen.

Voraussetzungen für den Behandlungsplan

Frage: *Ist Ihr Behandlungsplan uneingeschränkt für jedes Kind sinnvoll?*
Antwort: Nein! Es gibt einige Voraussetzungen. Zunächst einmal muss das Kind mindestens sechs Monate alt und gesund sein. Die Eltern müssen einen gewissen Leidensdruck haben und fest entschlossen sein, an der Situation etwas zu ändern. Besonders wichtig ist: Die Beziehung zwischen Eltern und Kind muss intakt sein. Manchmal sind Eltern einfach überfordert. Sie schaffen es nicht, ihr Kind anzunehmen. Babys reagieren sehr sensibel auf Ablehnung und Zurückweisung. Es kann sein, dass ein Kind in so einem Fall nachts schreit, um sich Zuwendung und Aufmerksamkeit der Eltern zu erkämpfen. Unseren Behandlungsplan könnten wir dann nicht ohne weiteres empfehlen. Wichtiger wäre, zunächst einmal den Eltern Hilfe anzubieten, damit sie liebevoller auf ihr Kind eingehen können. Manchmal gibt es Eheprobleme oder psychische Schwierigkeiten bei Vater oder Mutter. Einige Eltern haben in ihrer eigenen Kindheit Schlimmes durchgemacht und leiden noch immer an den Folgen. Manche Mütter haben die Geburt für sich und ihr Baby als besonders schwie-

rig und traumatisch erlebt. Solchen Eltern kann die innere Sicherheit fehlen, den Plan umzusetzen – und prompt geht alles schief. Auch in solchen Fällen brauchen die Eltern zusätzlich fachliche Hilfe.

Angst vor psychischer Belastung

Frage: *Mein Baby ist zehn Monate alt. Bisher habe ich es jedes Mal sofort getröstet, wenn es geweint hat. Allerdings bin ich jetzt so erschöpft, dass unsere Nächte unbedingt besser werden müssen. Kann ich meinem Kind wirklich keinen psychischen Schaden zufügen, wenn ich nach Ihrem Behandlungsplan vorgehe?*
Antwort: Zunächst einmal: Ihre Erschöpfung durch die ständigen nächtlichen Störungen belastet Sie von Tag zu Tag mehr. Dieser Stress wird sich über kurz oder lang auch auf Ihr Kind übertragen.
Fast alle Eltern, die wir beraten haben, hatten eine enge, vertrauensvolle Beziehung zu ihrem Kind. Fühlt auch Ihr Kind sich bei Ihnen geborgen? Kann es sich Ihrer Liebe und Zuwendung sicher sein? Eine enge, vertrauensvolle Beziehung zwischen Eltern und Kind ist die Voraussetzung. Ist sie vorhanden, können Sie sich und Ihrem Kind für eine kurze Zeit ein gewisses Maß an Stress zumuten. Das Erlernen neuer Gewohnheiten ist für Ihr Kind sicherlich zunächst nicht angenehm. Eine stabile Beziehung kann dadurch aber nicht gefährdet werden. Ihr Kind bekommt ja auch während der Umgewöhnungszeit regelmäßig von Ihnen Zuwendung. So können Sie sicher sein, dass es keine Angst bekommt, von Ihnen verlassen zu werden. Und vor allem: Sobald Ihr Kind die neuen Schlafgewohnheiten gelernt hat, geht es Ihnen **und** Ihrem Kind besser.

9
Mein Schlafprotokoll

**Auf den folgenden beiden Seiten
finden Sie zwei Schlafprotokolle,
auf denen Sie die Schlafgewohnheiten Ihres Kindes
festhalten können**

- Im ersten Protokoll tragen Sie ein,
  welche Schlaf- und Trinkgewohnheiten Ihr Kind zur Zeit hat.
  So stellen Sie fest, wie die Schlafprobleme Ihres Kindes
  genau aussehen
- Dann beginnen Sie mit Ihrem persönlichen Behandlungsplan
  und tragen im 2. Schlafprotokoll ein,
  wie sich die Schlafgewohnheiten Ihres Kindes verändern –
  bis es durchschläft.

**Sie können auch sofort mit dem Behandlungsplan beginnen.
In diesem Fall benötigen Sie nur das zweite Schlafprotokoll.**

Mein Schlafprotokoll vor der Behandlung

24-Stunden-Protokoll Name: Geburtsdatum: Alter:

Uhrzeit: 6.00 – 7.00 – 8.00 – 9.00 – 10.00 – 11.00 – 12.00 – 13.00 – 14.00 – 15.00 – 16.00 – 17.00 – 18.00 – 19.00 – 20.00 – 21.00 – 22.00 – 23.00 – 24.00 – 1.00 – 2.00 – 3.00 – 4.00 – 5.00

Datum

Schlafphasen ——   Wachphasen freilassen   Schreien /////   Mahlzeiten ●

Mein Schlafprotokoll während der Behandlung

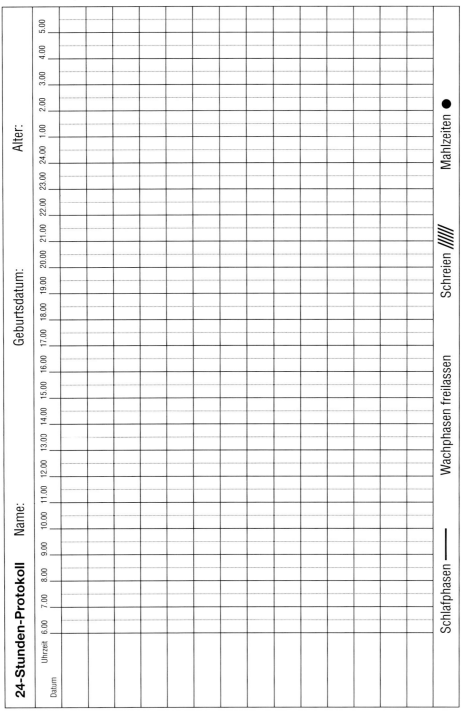

Schlusswort

„Leonie hatte seit zwölf Monaten Schlafprobleme. Sie wurde alle zwei bis drei Stunden wach und wollte trinken. Es ist kaum zu glauben, dass sie jetzt von 19.30 bis 6 Uhr durchschläft!"

„Wir wollen Ihnen ganz herzlich für die erholsamen Nächte danken, die wir erstmals seit 14 Monaten in vollen Zügen genießen – und das schon seit zweieinhalb Wochen."

Viele solche Reaktionen auf unsere Vorträge oder Einzelberatungen könnten wir noch zitieren.

Für die Autoren selbst war der außergewöhnliche Erfolg der Schlafberatungen überraschend. Hartmut Morgenroth, der Kinderarzt, musste sich wundern, dass ihm, dem Spezialisten für Infektionskrankheiten, ausgerechnet auf diesem völlig anderen Gebiet ein solcher Erfolg beschert war.

Auch für die Psychologin Annette Kast-Zahn war es eine neue Erfahrung, dass ein einziges Gespräch fast immer für einen vollständigen Therapieerfolg ausreiche.

Allerdings – es waren jedes Mal die Eltern selbst, die unser Behandlungskonzept in die Tat umgesetzt haben. Wir konnten ihnen nur die Anregungen dazu geben.

Auch in diesem Buch konnten wir nur Anregungen geben. Es liegt an Ihnen, liebe Leserinnen und Leser, sie in die Tat umzusetzen.

Dafür wünschen wir Ihnen durchschla(f)genden Erfolg!

Annette Kast-Zahn und Hartmut Morgenroth

Literatur-Verzeichnis

1) Ferber, R.: „*Solve your child's sleep problems.*"
   New York: Simon & Schuster, 1985.
   (Deutsche Fassung: *Schlaf, Kindlein, schlaf.*)
2) Kast-Zahn, A. / Morgenroth, H.: „*Erfahrungen und praktische Hinweise für den Umgang mit Schlafproblemen im Säuglings- und Kindesalter.*"
   In: *der kinderarzt* 26 (1995), Nr. 1, 46-52 und Nr. 2, 204-212.
3) Wolke, D. et al.: „*Häufigkeit und Persistenz von Ein- und Durchschlafproblemen im Vorschulalter: Ergebnisse einer prospektiven Untersuchung an einer repräsentativen Stichprobe in Bayern*".
   In: *Praxis der Kinderpsychologie und Kinderpsychiatrie: Ergebnisse aus Psychoanalyse, Psychologie und Familientherapie* 43 (1994), 339-344.
4) Aserinsky, E. & Kleitman, N.: „*Regularly occuring periods of eye motility and concomitant phenomena during sleep.*"
   In: *Science* 118 (1953), 273-274.
5) Roffwarg, H.P. et al.: „*Ontogenetic development of the human sleep-dream cycle.*"
   In: *Science* 152 (1966), 273-274.
6) Cuthbertson, J. & Schevill, S.: „*Helping your child sleep through the night.*"
   New York, Doubleday, 1985.
7) Wolke, D.: „*Die Entwicklung und Behandlung von Schlafproblemen und exzessivem Schreien im Vorschulalter*".
   In: Petermann (Hrsg.): *Verhaltenstherapie mit Kindern.*
   München: Gerhard-Röttger-Verlag, 1994, 154-208.
8) Friedrich, S. & Friebel, V.: „*Einschlafen, Durchschlafen, Ausschlafen*".
   Reinbek, Rowohlt, 1993.
9) Klackenberg, G. : „*Incidence of parasomnias in children in a general population*".
   In: Guilleminault, Ch. (Hrsg.): *Sleep and its disorders in children.*
   New York: Raven Press, 1987, 99-113.

Literatur-Verzeichnis

10) Lozoff, B. et al.: *„Cosleeping in urban families with young children in the United States."*
    In: *Pediatrics* 74 (1984), 171-182.
11) Kast-Zahn, A. / Morgenroth, H.: *„Jedes Kind kann richtig essen."*
    Ratingen, Oberstebrink Verlag, 1999.
12) Kast-Zahn, A.: *„Jedes Kind kann Regeln lernen."*
    Ratingen, Oberstebrink Verlag, 1997.
13) Glaeske, G.: *„Arzneimittel."*
    In: *Jahrbuch Sucht*, Geesthacht, Neuland Verlagsgesellschaft, 1994, 160-175.
14) Meiner, E. et al: *„Verschreibung von Psychopharmaka im Kindesalter."*
    In: *Dt. Ärzteblatt*, 86 (1989), 28/29, B-1469 – B-1471.
15) Richman, N.: *„A double-blind drug trial of treatment in young children with waking problems."*
    In: *J. Child Psychol. Psychiat.* 26 (1985), 591-598.

Abbildungs-Verzeichnis

- Abbildung 1:
  Wie viele Kinder schlafen durch? 18
- Abbildung 2:
  Wie viele Kinder werden nachts 2mal oder öfter wach? 18
- Abbildung 3:
  Die durchschnittlichen Schlafzeiten von Kindern
  in verschiedenen Altersstufen (nach Ferber) 24
- Abbildung 4:
  Das Schlafmuster eines Kindes
  ab dem 6. Lebensmonat (nach Ferber) 30
- Abbildung 5:
  Schlafprotokoll von Jan 63
- Abbildung 6:
  Wartezeit, bevor Sie zu Ihrem Kind gehen 91
- Abbildung 7:
  Veras Schlafprotokoll 97
- Abbildung 8:
  Schlafprotokoll vor der Behandlung 106
- Abbildung 9:
  Schlafprotokoll während und nach der Behandlung 107
- Abbildung 10:
  Anzahl der Minuten,
  während der die Zimmertür geschlossen bleibt,
  falls Ihr Kind nicht in seinem Bett bleibt 115
- Abbildung 11:
  Unterschiede zwischen Albtraum und Nachtschreck 140

Die Oberstebrink

Die richtigen Eltern-Ratgeber für die wichtiger

Das Standardwerk für alle Eltern, die für sich und ihre Kinder ruhige Nächte haben wollen

NEU: **Das Hörbuch**
CD ISBN 3-934333-20-6
MC ISBN 3-934333-21-4

Dieses Buch hilft Ihnen, Ihr Kind auch ohne Worte zu verstehen und zu beruhigen.
Ein Kursus in Eltern-Kind-Verständigung

Hardcover, 205 S.,
4-fbg. Fotos und Abb.
ISBN 3-934333-07-9

Was Sie als Eltern wissen müssen, damit das Sauberwerden klappt

Erweiterte und aktualisierte Neuausgabe:
Hardcover, 205 S.,
4-fbg. Fotos und Abb.
ISBN 3-934333-11-7

Schutz-Erziehung von Anfang an
• Zu Hause
• Im Kindergarten
• In der Schule

Hardcover, 256 S.,
4-fbg. Fotos und Abb.
ISBN 3-934333-01-X

Ideen, wie Eltern ihren Kindern normales Essverhalten schmackhaft machen können

Hardcover, 156 S.,
4-fbg. Fotos und Abb.
ISBN 3-9804493-9-4

Das Regelwerk für alle Eltern, die ihren Kindern klare Spielregeln für ein harmonisches Familienleben vermitteln wollen

Hardcover, 157 S.,
4-fbg. Fotos und Abb.
ISBN 3-9804493-1-9

OBERSTEBRINK

Eltern-Bibliothek

ahre

Die neuesten Erkenntnisse zur Erkennung und Behandlung von Kindern mit Aufmerksamkeits- und Konzentrations-Störungen

Hardcover, 317 S., 4-fbg.
Abb. und Illustrationen
ISBN 3-9804493-6-X

Das A·D·S-Erwachsenen-Buch zeigt den neuesten Stand der A·D·S-Forschung und bietet konkrete Hilfen für Ihr Berufs- und Privatleben

Hardcover, 349 S.,
4-fbg. Abb. und
Illustrationen
ISBN: 3-934333-06-0

Kinder mit Lese- und Rechtschreib-Schwäche: Erkennen, Vorbeugen, Behandeln

Hardcover, 189 S.,
4-fbg. Fotos, Abb.
und Illustrationen
ISBN: 3-934333-12-5

Die Pflichtlektüre für alle Eltern, die ihren Kindern helfen wollen, den Schulalltag zu meistern

Hardcover, 157 S., 4-fbg.
Fotos, Abb., Illustrationen
ISBN 3-9804493-2-7

Notfälle bei Kindern: Wie Eltern schnell reagieren und richtig handeln können

Hardcover, 190 S.,
4-fbg. Fotos, Abb.
und Illustrationen
ISBN: 3-934333-05-2

Spielregeln und Tipps für ein gutes Familien-Management

Hardcover, 252 S.,
4-fbg. Fotos
ISBN 3-9804493-8-6